PETITE PHILOSOPHIE DU SOIR.

Catherine Rambert est journaliste, directrice de la rédaction d'un grand magazine de télévision, et auteur de livres de sagesse tels que *Le Livre de la sérénité* ou *Petite philosophie du matin*.

CATHERINE RAMBERT

Petite philosophie du soir

365 pensées positives
pour être heureux tous les jours

EDIT 1 IONS

À aujourd'hui,
Et à demain, peut-être...

« Prends garde à ne pas te perdre toi-même en étreignant des ombres. »

ÉSOPE.

Préface

Quel est le bilan de la journée qui s'achève ?

Comment ne plus répéter le lendemain les erreurs du jour ?

A-t-on mis tous les atouts de son côté pour atteindre ses objectifs ?

Quelles opportunités avons-nous saisies ?

Quelles chances ont été gâchées ?

En résumé, quelle leçon de sagesse tirer à l'heure où le jour décline ?

Petite philosophie du soir est un livre à poser sur sa table de chevet. Chaque soir, il propose une pensée à méditer, en forme de synthèse de fin de journée. Car quel meilleur moment que ces instants où le soleil décline, et où l'obscurité s'installe progressivement, pour faire le point, réfléchir au sens de ses actes, et prendre du recul sur les heures qui viennent de s'écouler ? Ai-je agi dans le sens de mes convictions ? Où sont mes erreurs ? Quelle attitude ai-je adoptée dans mes relations avec les autres ? Ai-je été attentif ou négligent ? Comment mettre tous les atouts de mon côté pour réussir ma vie ?

Chaque page offre une réflexion, pose une question, invite à changer de comportement pour vivre plus sereinement, à libérer son esprit des mille tracas qui l'encombrent. La soirée n'est-elle pas le moment propice au changement de rythme, à l'opportunité d'être plus zen ? Avec des mots et des phrases simples, des exemples concrets de la vie quotidienne, *Petite philosophie du soir* dissèque nos comportements et favorise la prise de conscience.

Car à la grande école de la vie, chaque jour apporte une leçon de sagesse. Chaque événement, chaque expérience, chaque échec est une occasion d'apprendre, de grandir, de faire un pas de plus vers ses objectifs. Tout est utile pour se construire et bâtir sa vie.

Encore faut-il tirer de ses expériences les justes enseignements. Car nous nous exposons à récidiver les mêmes erreurs tant que la leçon du jour n'a pas été assimilée. Voilà pourquoi il est bon de prendre chaque soir rendez-vous avec soi-même, puisqu'il est dit qu'aucune réussite n'est possible sans prise de conscience.

À chacun de mettre en pratique ces réflexions inspirées et adaptées des philosophies antiques dont les préceptes demeurent étonnamment proches des préoccupations contemporaines. Certaines sont d'ailleurs déclinées plusieurs fois, sous des formes ou avec des exemples différents. Ces redites sont volontaires.

Parce que les leçons, pour être sues, se doivent d'être répétées – à l'école on disait rabâchées.

Certaines pensées sont très concrètes. D'autres proposent une réflexion ou une question laissant à chacun le loisir d'apporter sa propre réponse. Mais toutes rappellent que le bonheur est à notre portée. Et, au fil des pages, on y découvre cette lumineuse vérité de l'existence : il ne faut pas attendre que les circonstances soient favorables pour changer, mais décider de changer pour que les circonstances deviennent favorables.

Pensée du 1er soir
1er janvier

Leçon de sagesse

Chaque jour apporte sa leçon de sagesse.
Qu'ai-je appris de celui qui s'achève ?

Pensée du 2e soir
2 janvier

Rendez-vous du soir

Après les turbulences de la journée,
Le plus beau rendez-vous du soir
Est celui que l'on prend avec soi-même.

Pensée du 3ᵉ soir
3 janvier

Audace

Pour réussir sa vie, il faut trouver l'audace de vivre à la mesure de son talent, à la hauteur de ses possibilités.

Pensée du 4e soir
4 janvier

Avancer, toujours...

Il ne faut pas craindre d'avancer lentement, mais redouter seulement de reculer.

Pensée du 5ᵉ soir
5 janvier

Pensée positive

Avant l'instant du sommeil,
Songer à l'action la plus positive de la journée...
Puis fermer les yeux sur cette pensée.

Pensée du 6ᵉ soir
6 janvier

La solution existe

Le passé est rempli de problèmes qui ont trouvé leur solution.

Pourquoi s'inquiéter, alors ?

Pensée du 7e soir
7 janvier

Le pire existe

Le pire est toujours possible, bien sûr.
Mais il n'est jamais certain.
Inutile de trop s'en tourmenter à l'avance.

Pensée du 8ᵉ soir
8 janvier

La trêve du soir

Si l'on n'est pas capable de se détendre le soir,
De mettre entre parenthèses ses tracas de la
journée,
Quand sera-t-on en mesure de le faire ?

Pensée du 9ᵉ soir
9 janvier

Mot d'amour

Rentrer chez soi et dire une phrase ou un mot
d'amour à la personne que l'on aime.

Débuter ainsi la soirée sous de meilleurs auspices.

Prendre soin des autres, c'est aussi prendre soin de
soi.

Pensée du 10e soir
10 janvier

Idées

Les bonnes idées sont celles que l'on réalise.

Pensée du 11ᵉ soir
11 janvier

Et alors ?

Que veut-on ?
Et qu'attend-on pour le faire ?

Pensée du 12e soir
12 janvier

« Poser » ses soucis

Avant de pénétrer chez soi, visualiser ses soucis et son stress.

Les « poser » sur le pas de sa porte, comme on le fait d'un parapluie trempé.

Pensée du 13ᵉ soir
13 janvier

Le temps de vivre

Quand le soir descend, il est bon de se défaire des réflexes de la journée.

Ainsi ne plus regarder sa montre...

C'est accepter de prendre enfin le temps de vivre.

Pensée du 14ᵉ soir
14 janvier

Limites

Les seules limites de l'existence sont celles que l'on pose à soi-même.

Pensée du 15e soir
15 janvier

Plus haut

Pour atteindre son objectif, il est bon de regarder
toujours plus haut.

Pensée du 16e soir
16 janvier

Évolution

Rien n'est certain, sauf le changement.
Pourquoi ne pas l'accepter ?

Pensée du 17e soir
17 janvier

Chemin

Le bonheur n'est pas au bout du chemin.
C'est le chemin lui-même qui « est » le bonheur.

Pensée du 18ᵉ soir
18 janvier

Estime de soi

La pire des choses dans la vie est de réaliser un jour que l'on a vécu au-dessous de ses moyens. Par manque d'audace ou de courage.

Pensée du 19e soir
19 janvier

Un pas dans la bonne direction

Lorsqu'on s'est fixé un but qui nous tient à cœur,
Accomplir chaque jour un pas vers lui.
Même un minuscule pas.
Ne pas finir sa journée sans se poser la question :
Qu'ai-je fait aujourd'hui qui m'a rapproché de mon objectif ?
Et se souvenir :
Une journée où je n'ai pas progressé est une journée à demi perdue.

Pensée du 20e soir
20 janvier

« Vision » du soir

Il faut avoir en soi une « vision » de sa vie, un idéal...

Et se coucher en ayant cette image en tête.

Les pensées de la nuit, elles aussi, sont des forces créatrices.

Elles nourrissent l'esprit pendant notre sommeil.

Au réveil, nous mettrons ainsi plus d'ardeur à les concrétiser.

Pensée du 21e soir
21 janvier

Desseins

Noter les buts essentiels de sa vie modifie à coup sûr la façon de gérer son temps et ses priorités.

Cela ne suffit pas à transformer le cours de son existence.

Mais c'est un début.

Pensée du 22e soir
22 janvier

Exercice du soir

S'efforcer de comprendre les autres,
Se mettre à leur place,
C'est commencer à les aimer.

Pensée du 23ᵉ soir
23 janvier

Aimer

On ne réalise rien de bon, rien de bien, quand on a le cœur sec.

Il faut savoir aimer.

Aimer, c'est frémir au spectacle d'un coucher de soleil,

C'est caresser un arbre pour le sentir vibrer,

Parler à une fleur, à un oiseau qui passe,

Apprécier la sensualité d'un objet ou d'un livre,

Se réjouir de l'instant,

Vivre de grandes passions et s'émouvoir de riens,

Et savoir l'exprimer à soi-même,

Et aux autres.

Pensée du 24e soir
24 janvier

Urgence

La vie est remplie de tâches « urgentes » qui peuvent... attendre.

Pensée du 25ᵉ soir
25 janvier

Les mots

En disant « bonsoir », penser vraiment au sens de ces paroles, « bon-soir ».

Et s'impliquer davantage dans le moment présent.

Pensée du 26ᵉ soir
26 janvier

Demain déjà...

Cesser de trop anticiper l'avenir.
Il arrive toujours assez tôt.
Et souvent plus vite qu'on ne l'imagine.

Pensée du 27e soir
27 janvier

Résoudre un conflit

Si l'on n'a pas pu éviter une querelle,
Œuvrer pour qu'elle ne dure pas,
Et encore moins ne dégénère.
Éviter de finir la journée sur un conflit.
Le soir est le temps de l'apaisement.

Pensée du 28e soir
28 janvier

Calmes

Le soir, préférer la compagnie des gens calmes
Pour tenter de le devenir davantage.

Pensée du 29ᵉ soir
29 janvier

Chaleur du soir

Le confort de l'esprit, c'est le confort du corps.
Dans un appartement bien chaud, l'atmosphère est
si douce !
Ne pas se refuser ces plaisirs ouatés
Où la chaleur est propice à la sérénité.

Pensée du 30e soir
30 janvier

Âtre

En hiver,
Lorsqu'on le peut,
Profiter du spectacle d'une cheminée,
De son feu qui crépite.
S'installer à proximité.
Observer la danse des flammes.
Écouter le craquement du bois sec.
S'imprégner de la chaleur qui s'en dégage.
Vision réconfortante,
Invitation au calme
Et à la communion des êtres et des pensées.

Pensée du 31e soir
31 janvier

Dormir à deux

Il y a une grande plénitude à observer son amour endormi,
Endormi près de soi.
Prendre conscience de ce bonheur,
Apprécier son infinie douceur.
Et remercier la providence qui permet ce miracle quotidien.

Pensée du 32e soir
1er février

Marche

Quand la nuit est tombée,
Même si l'hiver est là,
Marcher quelques minutes.
Évacuer ainsi le stress, les soucis,
Réfléchir, respirer, songer à l'avenir
Et méditer...
La marche, entre mille vertus,
Relaxe, vide l'esprit,
Et prépare à une meilleure nuit.

Pensée du 33ᵉ soir
2 février

Main tendue

Savoir tendre la main et donner sa chance comme on aimerait qu'un autre le fasse pour soi, dans ces moments où l'on perd pied et où l'on est si fragile.

Pensée du 34e soir
3 février

Attentions

Depuis combien de temps n'a-t-on pas eu une attention pour celui ou celle qui partage notre vie ?

Ne pas rentrer les mains vides, ce soir.

Quelques fleurs, un présent, ou un dessert qu'il aime...

Créer ainsi la gaieté, l'amour...

Noter comme ces attentions rendent heureux,

Embellissent l'existence.

Une simple soirée se transforme ainsi en magie et en fête.

Pensée du 35ᵉ soir
4 février

La beauté de l'imperfection

Cesser de vouloir être parfait.
Le monde est avant tout riche de ses imperfec-
tions.

Pensée du 36ᵉ soir
5 février

Passages à vide

Il y a des moments dans la vie où rien ne va.
Heureusement, ils passent, eux aussi...
Fermer les yeux et s'endormir sur cette certitude
apaisante.

Pensée du 37ᵉ soir
6 février

Savoir s'entourer

Lorsqu'on est soucieux et préoccupé,
Une solitude prolongée peut être mauvaise
conseillère.
Préférer la compagnie de proches et d'amis enjoués,
C'est contribuer à changer les idées.
Les siennes et celles des autres.

Pensée du 38ᵉ soir
7 février

Lentement mais sûrement

Bien souvent,
Lenteur et méthode sont des clefs de réussite.
À précipiter l'effort,
On voit poindre l'échec.

Pensée du 39e soir
8 février

Intégrité morale

Nous sommes jugés sur notre capacité à prendre des engagements, à tenir nos promesses. Il y va de notre intégrité morale.

Faillir par faiblesse ou par négligence, c'est se faire du tort avant de décevoir les autres.

Une promesse non tenue est avant tout un échec personnel.

Pensée du 40ᵉ soir
9 février

Forces

Se souvenir...
Tout ce qui ne nous tue pas nous renforce.
Toujours.

Pensée du 41ᵉ soir
10 février

Laisser faire le temps

Inutile d'élever la voix quand on a raison.
Laisser le temps être juge.

Pensée du 42ᵉ soir
11 février

Heureux tout le temps

Vivre zen, c'est s'efforcer d'être heureux même s'il n'y a aucune raison de l'être.

Pensée du 43ᵉ soir
12 février

Talents

Être gai
Optimiste
Opportuniste
Audacieux
Souriant
Créatif
Réactif
Généreux
Ouvert...
C'est avoir le talent de la vie.

Pensée du 44ᵉ soir
13 février

Importance de l'urgence

Savoir discerner ce qui est important de ce qui est
urgent,
Voilà la vraie sagesse.

Pensée du 45ᵉ soir
14 février

De l'amour

En ce jour de la Saint-Valentin...
Méditer :
Sans amour donné,
Reçu,
Partagé,
Aucune réussite n'a de valeur.

Pensée du 46ᵉ soir
15 février

Aimer les soirs

« J'aime les soirs sereins et beaux, j'aime les soirs... »,
écrivait Hugo.

Et nous ?

Savons-nous apprécier la beauté des soirées et leur
douceur propice à la méditation, aux retrouvailles, à
l'amour ?

Pensée du 47ᵉ soir
16 février

Puzzle

Lorsqu'on retrouve un ami perdu de vue depuis longtemps, c'est comme si l'on recollait un morceau de son puzzle personnel.

Pensée du 48ᵉ soir
17 février

Trouver le temps

Ceux qui n'ont jamais de temps pour eux-mêmes,
À consacrer à leurs proches,
Se perdent et courent, sans le savoir,
À la catastrophe.

Pensée du 49ᵉ soir
18 février

Une heure pour tout

Quand le soir tombe,
Il n'est plus l'heure de se lancer dans de grandes
entreprises.
Il est juste temps de planifier celles du lendemain.

Pensée du 50ᵉ soir
19 février

Attention

Aucun présent matériel ne remplace le temps
accordé à un proche.
Créer des souvenirs, des moments partagés,
Plutôt que d'accumuler des objets et des biens.

Pensée du 51e soir
20 février

Aller vers les autres

Qu'attend-on pour aller vers les autres, leur offrir un sourire, une présence, une écoute... ?

Ou leur dire simplement que l'on aimerait les connaître ?

À tant de retenue, on passe à côté d'êtres qui auraient pu devenir nos amis !

Pensée du 52e soir
21 février

Ami

Quand on fait l'effort de comprendre l'autre, on s'en fait un ami.

Pensée du 53e soir
22 février

Bain chaud

Prendre un bain chaud, parfumé d'huiles essen-
tielles.
Tamiser la lumière.
Se laisser aller.
Fermer les yeux.
Sentir le bien-être nous envahir.
C'est le moment de faire le vide
Et tout oublier pendant quelques minutes.

Pensée du 54ᵉ soir
23 février

Évolution

On est souvent, malgré soi, l'artisan de ses propres malheurs.

Le soir, au calme, prendre conscience de cette vérité pour entamer ce processus essentiel de changement.

Pensée du 55ᵉ soir
24 février

État d'esprit

Quand on « supporte » une situation ou quelqu'un,
Notre état d'esprit est négatif.
Quand on « l'accepte », il devient positif.

Pensée du 56e soir
25 février

Les jolies choses

Avant de s'endormir,
Faire l'exercice mental de visualiser de belles images de notre vie.
Un souvenir d'enfance
Un dîner entre amis
Un bébé endormi
Un fou rire partagé...
Fermer les yeux sur ces moments de bonheur.
Rien n'a plus d'importance, alors, que cet instant présent.

Pensée du 57ᵉ soir
26 février

Sourire intérieur

Imaginer au moins une fois dans la journée que tout son corps sourit à la vie.

Pensée du 58ᵉ soir
27 février

Allumer une bougie

Sait-on que la flamme d'une bougie émet des ondes positives aux effets apaisants ?
À chaque fin de journée,
En rentrant chez soi,
Allumer une bougie
Et adoucir ainsi les dernières heures du jour.

Pensée du 59ᵉ soir
28 février

L'important pour soi

Cesser de nous égarer,
Courir dans tous les sens.
Ce qui est important pour nous, nous attendra.

Pensée du 60ᵉ soir
1ᵉʳ mars

Verre d'eau

Pour se détendre,
L'un des premiers gestes à faire en rentrant chez
soi...
boire un verre d'eau... tiède
Puis prendre une grande inspiration.

Pensée du 61ᵉ soir
2 mars

Calme intérieur

Créer le silence autour de soi,
Et partir à la recherche de son calme intérieur.

Pensée du 62ᵉ soir
3 mars

La conscience du provisoire

Tout n'est que provisoire,
Tout évolue,
Bouge,
Disparaît un jour.
C'est la grande leçon de l'univers.
Cela rend finalement toutes choses égales entre elles,
Puisque rien ne dure
Et que tout sera tôt ou tard emporté par la grande roue du temps.

Pensée du 63e soir
4 mars

Le calme bâtisseur

La colère est destructrice.
Le calme, lui, est un grand bâtisseur.

Pensée du 64ᵉ soir
5 mars

Anticiper

C'est quand la mer est calme qu'il faut songer à la tempête.

Pensée du 65ᵉ soir
6 mars

Boîte à idées

Prendre l'habitude de consigner dans un carnet toutes les idées qui nous passent par la tête.

Des plus réalisables aux plus saugrenues.

En le feuilletant, l'on prend ainsi conscience des trésors de créativité qui sommeillent en nous.

De temps en temps, décider d'en réaliser une.

Pensée du 66ᵉ soir
7 mars

La gentillesse

Qu'est-ce que la gentillesse ?
Une attention à autrui.
Une suspension du jugement moral.

Pensée du 67ᵉ soir
8 mars

Bancal

Si l'on a mal aux pieds en fin de journée,
C'est tout notre être qui est bancal,
Ne pas chercher plus loin les raisons de nos
contrariétés,
De notre fatigue.
L'équilibre de la tête repose lui aussi sur les pieds.

Pensée du 68e soir
9 mars

Embellir le présent

L'instant présent est notre unique richesse.
Tout ce que l'on fera pour l'embellir servira à bâtir
notre bonheur.

Pensée du 69ᵉ soir
10 mars

La sagesse des jours

Accepter de voir ses parents changer et vieillir,
C'est accepter de se conformer aux rythmes du temps.
Il est vain de s'affliger et de se lamenter.
Nul n'a jamais ralenti le cours de la vie.
Les choses vont ainsi.
Les êtres passent.
Et s'angoisser est dérisoire.

La sagesse vient également de l'acceptation de ce qui nous dépasse...
Et supporter ainsi l'insupportable.

Pensée du 70ᵉ soir
11 mars

Cinq minutes de méditation

Fermer les yeux
Faire le calme en soi
Écouter les bruits de la vie
Les mains posées sur une table
Se défaire des angoisses
Poser son souffle
Et rester ainsi cinq minutes.

Lorsqu'on ouvre les yeux, alors,
On ne voit plus le monde de la même façon.
La pensée est purifiée
Apaisée.
C'est l'un des bienfaits de la méditation.

Pensée du 71e soir
12 mars

Choyer son univers

Décorer son univers à son goût, pour y vivre mieux
et créer ainsi un havre de paix.

Pensée du 72ᵉ soir
13 mars

S'écarter de la voie

Prudence !
Parfois, il suffit de s'éloigner ne serait-ce qu'un peu de la route que l'on s'est fixée pour risquer de se perdre.

Pensée du 73ᵉ soir
14 mars

L'avenir commence maintenant

Le plus grand projet que l'on réalisera,
Le plus beau roman que l'on écrira,
La plus belle aventure que l'on tentera,
Le plus grand match que l'on gagnera,
Sont ceux que l'on prépare dès aujourd'hui.

Pensée du 74ᵉ soir
15 mars

Progression

Chaque prise de conscience est douloureuse.
Mais c'est le prix à payer pour progresser.

Pensée du 75ᵉ soir
16 mars

Plaisir

Méditons encore ce précepte d'Hippocrate :
Pour rester en bonne santé,
Il est important de savoir se faire plaisir.

Pensée du 76ᵉ soir
17 mars

Noir c'est noir

Quand on broie du noir,
S'exercer mentalement à changer de couleur.
Et broyer du bleu clair ou du jaune,
Ou bien du rouge encore.
C'est déjà moins triste, non ?

Pensée du 77ᵉ soir
18 mars

Espace de calme dans sa chambre

Les chambres doivent rester des lieux calmes, sobrement décorés.

Bannir de cet espace de repos téléviseurs, chaînes hi-fi, ordinateurs et autres appareils électriques (même le réveil doit rester à distance).

Ainsi les nuits seront-elles plus paisibles et réparatrices.

Pensée du 78e soir
19 mars

Réintégration

Faire une pause, là, maintenant.
Ralentir le rythme effréné de sa vie.
Cesser pendant quelques instants toute activité
Pour réintégrer son corps et sa pensée.
Et resté en « éveil » ainsi pendant quelques minutes.

Pensée du 79ᵉ soir
20 mars

Temps perdu ou gagné

Le temps perdu est celui que l'on passe à se dire
que l'on a perdu du temps.

PENSÉES
POUR LE PRINTEMPS

Conte pour le printemps

Le verrou

En des temps lointains et des contrées tout aussi lointaines, un roi se mit en tête de marquer le printemps par un geste de renouveau. Il décida d'innover en s'attachant, pour la première fois, les services d'un Premier ministre.

Plusieurs émissaires furent dépêchés à travers le royaume afin de trouver des hommes empreints de sagesse et d'expérience, parmi lesquels il pourrait choisir le conseiller idéal. Après plusieurs semaines de recherche, seuls trois concurrents restaient en lice.

Pour départager ces personnages pleins d'humanité et de modération, le roi décida de les soumettre à une ultime épreuve.

Il les fit enfermer dans une pièce de son château dont la porte avait été munie d'un verrou. Le mécanisme de ce dernier était particulièrement sophistiqué : les plus grands savants du royaume en avaient imaginé la complexité.

Le roi informa les trois candidats que celui qui parviendrait à trouver les secrets du dispositif deviendrait son Premier ministre, à condition toutefois que

97

la solution fût trouvée avant la fin du printemps. Il ne restait plus que deux mois. Il souhaita bonne chance aux trois concurrents et les laissa face à la résolution du problème.

La porte aussitôt refermée, deux des hommes se lancèrent dans de difficiles calculs de probabilité afin de tenter de découvrir les secrets du verrou. Pendant qu'ils s'évertuaient à en percer le mystère, le troisième s'installa sur une chaise, sans mot dire. Les mains posées sur ses genoux, il observait le manège des deux autres, sans tenter quoi que ce soit de ses mains pour percer la combinaison.

De longues journées s'écoulèrent. Les deux premiers s'affairaient et émettaient toutes sortes d'hypothèses, l'autre restait serein, toujours assis, conservant bien du recul face à la situation.

Il semblait habité d'une grande maîtrise de lui-même, d'une égalité d'âme, au point que cette tempérance en énervait davantage encore ses deux concurrents.

Puis, fort de sa paix intérieure, il se leva, se dirigea vers la porte, et sans hésiter tourna la poignée et l'ouvrit.

Elle n'était pas verrouillée !

Le roi accueillit le sage d'un large sourire et le nomma Premier ministre. Et depuis, en ce royaume, le printemps s'est installé à tout jamais.

Souvent, nous nous croyons enfermés dans des prisons ou des systèmes auxquels nous nous efforçons de nous adapter tant bien que mal et dont nous ne voyons pas l'issue. Pourtant, la prison dans laquelle nous pensons être cloîtrés n'en est pas une. Sa porte n'a pas de verrou.

Il ne tient qu'à nous d'actionner la poignée pour nous ouvrir à une existence meilleure.

Il suffit de le décider. Car nous sommes libres, et nous ne le savons pas.

Pensée du 80ᵉ soir
21 mars

Projets de printemps

Profiter du calme et du repos de cette première
soirée de printemps pour mettre de l'ordre dans ses
idées,
Planifier ses projets,
Trier et classer des papiers,
Prendre des décisions importantes pour soi.
Les plans de l'année se décident au printemps, rap-
pelle la sagesse chinoise.

Pensée du 81ᵉ soir
22 mars

Difficulté

Une difficulté ne vient jamais pour nous barrer la route,
Mais, au contraire, pour nous permettre d'évoluer.

Pensée du 82e soir
23 mars

Vivant

Quel que soit le bilan de la journée qui s'achève, il faut se réjouir d'être vivant.

Et affirmer sa confiance en soi et en l'avenir.

Pensée du 83e soir
24 mars

Résolutions

Prendre chaque soir une bonne résolution pour le
lendemain :
Passer un coup de fil,
Régler une formalité administrative,
Ne pas s'énerver,
Traiter un dossier en souffrance...
Et se promettre en se couchant
Qu'elle sera une priorité au réveil.

Pensée du 84e soir
25 mars

Écouter

Et si l'on écoutait les autres au lieu de finir les phrases à leur place ?
Ne serait-ce pas plus reposant ?

Pensée du 85ᵉ soir
26 mars

Avec amour

Nos plus grandes réalisations sont celles que nous accomplissons avec amour.

Pensée du 86e soir
27 mars

Plus loin encore...

Quoi que l'on dise
Quoi que l'on fasse
On n'aime jamais assez.
Car ce n'est ni la réussite sociale,
Ni la richesse,
Ni les discours...
Qui déterminent la valeur d'un homme.
Mais sa capacité à prodiguer l'amour à travers chacun de ses actes.

Pensée du 87e soir
28 mars

Le langage du cœur

Laisser parler son cœur plutôt que son esprit.
Dans notre société rationnelle, cynique, une parole sincère et chaleureuse vaut davantage que les analyses et les raisonnements les plus sophistiqués.

Pensée du 88ᵉ soir
29 mars

Disponibles

Faire en sorte que nos proches nous sachent toujours disponibles pour eux et puissent nous parler en
confiance quand ils en ressentent le besoin.

Quelle que soit l'importance de nos occupations,
laisser toujours la porte ouverte à ceux qui viennent
y frapper.

Pensée du 89ᵉ soir
30 mars

Massage

En fin de journée, se masser doucement le lobe de l'oreille avec le pouce et l'index permet d'évacuer les tensions et le stress accumulés.

Pensée du 90ᵉ soir
31 mars

« Ouvrir » son esprit

Le soir,
Il est bon de prendre le temps de ne rien faire.
L'esprit se détend et « s'ouvre ».
Nous sommes alors en mesure d'appréhender de nouveaux horizons et de nouvelles perspectives.

Pensée du 91e soir
1er avril

Se contenter de peu

Savoir ne désirer rien de plus que ce que la vie
nous donne.

Et s'en trouver bien.

Pensée du 92ᵉ soir
2 avril

Durée

Tout n'est que patience.

Pensée du 93ᵉ soir
3 avril

Soigner sa maison

Notre maison peut nous aider à partir à la recherche du bonheur.

Pour cela, il faut « l'habiter » vraiment, et ne pas laisser cartons et désordre s'accumuler, car tout ce qui est provisoire est facteur de stress et d'insécurité.

Préserver une forme d'harmonie.

Ne pas surcharger l'intérieur d'objets ou de meubles, car il y va des volumes comme il y va de l'esprit.

Aménager si possible un lieu ou un espace pour soi...

Pensée du 94e soir
4 avril

Ce qui arrive...

Cesser de se demander si ce qui arrive est bien ou pas,
Bon ou injuste,
S'il survient trop tôt ou trop tard.
Les événements se produisent.
Les choses sont ainsi.
Il n'est de véritable sagesse que de l'accepter.

Pensée du 95e soir
5 avril

Les vertus du sourire

Le sourire permet d'accéder à un monde plus serein, plus calme et plus positif.

Pensée du 96ᵉ soir
6 avril

Malentendu

Si, au cours de la journée, on a été l'objet d'un conflit, profiter du soir pour réfléchir sur soi et s'interroger :

Où sont mes torts ?

Suis-je certain d'avoir eu la bonne réaction ?

Mon attitude n'est-elle pas à l'origine du malentendu ?

Prendre ainsi conscience de ses propres erreurs au lieu d'incriminer les autres.

Et une fois tiré l'enseignement personnel, œuvrer à sa résolution.

Pensée du 97e soir
7 avril

Humilité

Chaque événement de notre vie est une occasion d'apprendre. Accepter cet apprentissage.

Et, comme on le faisait enfant,

Profiter du soir pour « réviser » la leçon de la journée.

Pensée du 98e soir
8 avril

Constance

Garder confiance. Et se répéter...
« Discipline et rigueur sont mères de tous les succès. »

Pensée du 99ᵉ soir
9 avril

Simplicité

En cas de doute, aller vers les choses simples.
Toujours.
C'est l'évidente voie de la sagesse.

Pensée du 100e soir
10 avril

Résultats

Si l'on a mal ou peu travaillé,
Les résultats seront à l'image de l'effort.
Car nul ne peut récolter ce qu'il n'a pas semé.

Pensée du 101ᵉ soir
11 avril

Gare au danger

S'en remettre à la chance, pourquoi pas ?
Ne compter que sur elle, c'est se mettre en danger.

Pensée du 102ᵉ soir
12 avril

Dîner léger

Le soir,
Préférer une alimentation légère.
Opter pour des légumes,
Un potage en hiver.
Des aliments riches en fibres et frais en été.
Le sommeil n'en sera que plus apaisé.

Pensée du 103ᵉ soir
13 avril

À *l'esprit*

Une pensée qui « vient à l'esprit » n'est jamais innocente. C'est un appel de l'inconscient qu'il ne faut pas négliger. Prendre le temps de l'écouter, au lieu de la chasser d'un revers de l'esprit.

Pensée du 104ᵉ soir
14 avril

Apprentissage

Une journée au cours de laquelle on a échoué n'est pas une journée perdue.

Au contraire.

Elle est enrichissante, car l'échec est toujours porteur d'enseignement.

Il peut être bon d'y songer quelques secondes avant de s'endormir.

Pensée du 105ᵉ soir
15 avril

Opportunités

Regarder en arrière,
La vie est pleine d'opportunités que nous n'avons
pas saisies.

Pensée du 106e soir
16 avril

Coupé du monde

Apprendre,
De temps à autre,
À se couper du monde.
C'est se retrouver,
Se recentrer sur soi-même.

Pensée du 107ᵉ soir
17 avril

Espaces de rêve

Se dégager des espaces de rêve et d'évasion.
Et se nourrir d'imaginaire.
Cela aide parfois à mieux supporter la réalité.

Pensée du 108e soir
18 avril

Près du lit

Poser près de son lit un petit carnet et un stylo.
Et noter ce qui nous traverse la tête,
Des idées, des pensées.
En agissant ainsi, on se libère et s'épargne l'inquiétude d'oublier.
C'est le gage d'une bonne nuit.

Pensée du 109ᵉ soir
19 avril

Photos

Prendre des photos.
Sourire.
Et conserver ainsi la trace des moments heureux
de la vie.

Pensée du 110e soir
20 avril

Poussière du jour

Le soir est ce moment où la poussière soulevée pendant la journée retombe doucement.
Tout doit s'apaiser,
Se calmer,
S'adoucir.
C'est essentiel pour se régénérer.
Et repartir du bon pied le lendemain.

Pensée du 111e soir
21 avril

Oiseaux

Quand le jour décline,
Lever la tête et observer les oiseaux dans le ciel.
Noter comme leur vol est plus bas qu'aux heures
du soleil.
Pour eux aussi, la journée se termine.
Comme nous, ils sont en quête de l'endroit calme
où passer la nuit.
Demain, ils reprendront leur périple céleste
À l'infini...

Pensée du 112ᵉ soir
22 avril

Encombrement

Quand on pense à trop de choses,
On finit par ne plus penser à rien.

Pensée du 113e soir
23 avril

Dérisoire

La plupart de nos ennuis ne sont que passagers.
Une fois cette évidence admise, les choses semblent d'emblée plus dérisoires.

Pensée du 114ᵉ soir
24 avril

Toujours plus

Un effort supplémentaire, même petit, peut nous aider à dépasser nos propres limites et à atteindre nos objectifs.

Pensée du 115e soir
25 avril

Temps compté

Le temps que l'on passe à accomplir une action doit toujours être proportionnel à l'importance de cette action dans notre vie.

Pensée du 116ᵉ soir
26 avril

Priorités

Qu'avons-nous réalisé aujourd'hui pour faire avancer nos priorités et les projets qui nous tiennent à cœur ?

Pensée du 117ᵉ soir
27 avril

Objectif

Lorsqu'on n'a pas atteint un but que l'on s'était fixé, peut-être est-ce parce qu'on l'avait placé trop haut.

Procéder alors par paliers.

Mieux vaut atteindre un objectif moins ambitieux que pas d'objectif du tout.

Pensée du 118ᵉ soir
28 avril

Rien d'impossible

Il n'y a pas de rêves inaccessibles,
De projets irréalisables,
D'aventures extraordinaires... réservées à d'autres.
Il n'y a que velléité, faiblesse, manque de cons-
tance...

Pensée du 119e soir
29 avril

Lieu sombre

Le soir, après une journée de travail, profiter de la tombée du jour pour goûter le calme et la sérénité qui se dégagent d'un lieu sombre.

Pensée du 120ᵉ soir
30 avril

Spectacle

Les ombres s'allongent
Le soleil décline et rougit
Les paysages se teintent de couleurs chaudes et
bigarrées...
Le jour s'en va vers d'autres contrées.
S'imprégner de ce spectacle éternel, tous les jours
renouvelé.

Pensée du 121ᵉ soir
1ᵉʳ mai

L'amour en tête

Quels que soient nos ambitions et nos rêves,
L'amour doit être placé en priorité.
Profitons de ces heures fériées
Pour l'exprimer.

Pensée du 122ᵉ soir
2 mai

Sa famille

Observer sa famille, ses parents, ses grands-parents, ses cousins...

Ils ne seront pas là éternellement.

Goûter le bonheur et la douceur de leur présence.

Leur dire qu'on les aime.

Quand l'écume du temps les aura emportés, il sera trop tard.

Pensée du 123ᵉ soir
3 mai

Talent

Le talent sans travail n'est rien.
Celui qui se repose sur ses lauriers s'expose tôt ou tard à la médiocrité.

Pensée du 124ᵉ soir
4 mai

Faire au lieu de dire

Celui qui prétend aimer et qui ne le prouve pas
n'aime peut-être pas autant qu'il le dit.

Pensée du 125ᵉ soir
5 mai

Évolution

Rien n'est certain, sauf le changement.

Pensée du 126ᵉ soir
6 mai

Idée

Ne pas négliger une idée qui nous traverse l'esprit.
Elle ne jaillit jamais par hasard.
C'est un aiguillon de notre conscience.
Même si nous ne la comprenons pas, dans l'instant,
Elle est porteuse d'un message de l'inconscient.
Un jour viendra où elle prendra tout son sens.

Pensée du 127ᵉ soir
7 mai

Le temps qui compte

Le temps passé à aimer,
À être avec les siens,
À penser à soi...
Ce temps-là est précieux et irremplaçable.

Pensée du 128ᵉ soir
8 mai

Rechercher la lumière

Si l'on a tendance à la déprime ou à l'humeur maussade,
Dans son appartement ou dans sa maison,
S'assurer que la pièce principale est bien éclairée,
Car le manque de lumière peut générer angoisse et fatigue.

Pensée du 129e soir
9 mai

Geste

Qu'est-ce qu'un geste d'amour ?
Un geste.
Tout simplement.

Pensée du 130ᵉ soir
10 mai

Confiance...

Faire l'amour, faire des enfants, et marquer ainsi son espoir et sa confiance en l'avenir.

Pensée du 131ᵉ soir
11 mai

Colorer

Et si l'on dînait aux chandelles, ce soir ?
Apprenons ainsi à colorer la vie de surprises
Qui font d'un simple dîner un repas de fête.

Pensée du 132ᵉ soir
12 mai

Aptitude

Notre capacité à nous accorder des moments de plaisir
Détermine pour une large part
Notre aptitude au bonheur.

Pensée du 133e soir
13 mai

Il était une fois...

Raconter, le soir,
Une histoire,
À un enfant ou à son compagnon,
Et créer ainsi un moment de complicité et de tendresse inoubliable.

Pensée du 134ᵉ soir
14 mai

Souffrance

Apprendre à accepter la souffrance comme un enseignement qui grandit et rend plus fort.

Pensée du 135ᵉ soir
15 mai

Loin des yeux

De même qu'il faut savoir reculer pour mieux apprécier la perspective d'un tableau,
Il est parfois nécessaire de s'éloigner un peu de ses parents...
Pour les aimer davantage.

Pensée du 136ᵉ soir
16 mai

Chemins de connaissance

Il n'y a pas de coïncidences,
Ni de hasards heureux ou malheureux,
Seulement des messages à comprendre ou à inter-
préter
Pour aller vers plus de sagesse et de connaissance.

Pensée du 137ᵉ soir
17 mai

États d'âme

On se trahit souvent nous-même,
À notre insu,
Tant les paroles sont le reflet de l'état de l'âme.

Pensée du 138e soir
18 mai

« Ce n'est pas grave »

Dire plus souvent,
Et s'il le faut à haute voix, pour s'en convaincre :
« Ce n'est pas grave. »

Pensée du 139e soir
19 mai

Repérer les intrus

Le soir, faire l'exercice de chercher les « intrus »
de sa vie.

Et décider de s'en séparer

Ou de les garder à distance afin qu'ils ne nous nui-
sent plus.

Pensée du 140ᵉ soir
20 mai

Miroirs

Il n'est de meilleurs miroirs que les hommes.

Pensée du 141e soir
21 mai

Richesse

Quand on imagine que l'on n'a plus rien,
Chaque petit peu semble alors une immense
richesse.

Pensée du 142ᵉ soir
22 mai

Conscience

Chaque moment de solitude doit être propice à une prise de conscience.

Pensée du 143ᵉ soir
23 mai

Améliorer

Réfléchir, ce soir encore... comment améliorer
quelque chose en soi.

Pensée du 144ᵉ soir
24 mai

Leçons de vie

Profiter de toutes les leçons et les expériences de la vie pour se « grandir ».

En chaque événement, positif ou négatif, il y a d'abord une leçon pour soi.

Pensée du 145ᵉ soir
25 mai

Jouir du bonheur de l'instant

Ne pas attendre qu'un événement grave se produise pour jouir du bonheur de vivre chaque instant qui nous est donné.

Pensée du 146ᵉ soir
26 mai

En paix

Lorsqu'on entend le fracas des bombes et de la guerre,
Apprécier davantage le bonheur de vivre dans des lieux de paix.

Pensée du 147ᵉ soir
27 mai

Entrer dans sa maison

En franchissant la porte d'entrée de sa maison,
Prendre une grande inspiration.
Ici commence une vie qui doit être plus calme et
plus relaxante que celle que l'on vient de quitter.

Pensée du 148e soir
28 mai

Apprendre toujours...

Les épreuves sont inéluctables.
La mort, la souffrance,
Aussi injustes et cruelles qu'elles nous paraissent,
Elles nous aident à accepter,
Comprendre le sens de la vie.
Et nous conduire vers plus de sagesse.

Pensée du 149e soir
29 mai

Fausses valeurs

L'intelligence, c'est savoir identifier les fausses valeurs : l'orgueil, le pouvoir, l'argent...
Et s'efforcer de ne pas en être esclave.

Pensée du 150ᵉ soir
30 mai

Confiance...

Les plus grandes réussites ont pour fondement
l'optimisme et la confiance en soi.

Méditer ceci avant de s'endormir.

Pensée du 151e soir
31 mai

Dialogues nocturnes

Le soir est la période idéale pour écouter
Dialoguer
Rassurer
Et prendre le temps de resserrer les liens.

Pensée du 152ᵉ soir
1ᵉʳ juin

Décision

La décision de changer nous appartient.
Aujourd'hui, comme chaque jour.

Pensée du 153e soir
2 juin

Talents

Observer comme les difficultés et les obstacles nous obligent à nous dépasser, parfois.
La contrainte crée ainsi le talent.

Pensée du 154ᵉ soir
3 juin

Volonté

Le bonheur est plus souvent qu'on ne le pense une affaire de volonté.

Pensée du 155ᵉ soir
4 juin

Changer d'abord

Si l'on ne fait pas soi-même l'effort de changer,
Pourquoi vouloir alors que les choses changent
autour de nous ?

Pensée du 156e soir
5 juin

Comme par magie

Quand on ressasse un problème,
Il grossit et prend trop d'ampleur dans notre esprit.
À l'inverse,
Si l'on fait l'exercice mental de « l'écarter »,
Il se réduit de lui-même.

Pensée du 157ᵉ soir
6 juin

Rencontre

Le soleil finit toujours par succéder à la pluie.
Le jour à la nuit,
Une bonne nouvelle à une mauvaise,
Le bonheur au malheur...
Ainsi va la vie.
Chaque jour est une nouvelle raison d'espérer.
Emplir sa fin de journée de cette certitude positive.

Pensée du 158ᵉ soir
7 juin

Communier avec l'univers

Un soir de printemps,
Comme aujourd'hui,
Aller marcher dans la nature
La campagne, un parc, un jardin, ou bien au bord
de la mer...
Respirer, écouter, communier avec l'univers.
Et prendre conscience de l'ordre merveilleux des
choses.
Éprouver cette sensation rare de savoir que l'on
appartient à un tout
Et se sentir bien avec cette certitude.

Pensée du 159e soir
8 juin

Boomerang

Un problème non réglé nous revient tôt ou tard comme un boomerang.

Mais plus fort et plus gros.

Pensée du 160ᵉ soir
9 juin

Cafard

Les soirs de cafard, emplir son esprit de pensées belles et douces.

C'est une façon de retrouver confiance en soi et en l'avenir.

Pensée du 161ᵉ soir
10 juin

Paroles, paroles...

Quelqu'un qui promet trop est quelqu'un qui trahira...

Préférer les personnes moins grandiloquentes, plus raisonnables et plus sincères.

Pensée du 162ᵉ soir
11 juin

Un monde meilleur

Notre monde est violent, agressif, dangereux...

Mais que faisons-nous chaque jour pour contribuer à le rendre meilleur, plus vivable ?

Ne sommes-nous pas nous aussi trop tendus, emportés, véhéments ?

Rechercher la paix à l'intérieur de soi et en allant aux autres.

Nous contribuerons ainsi à adoucir l'univers qui nous entoure.

Pensée du 163ᵉ soir
12 juin

Les vertus du repos

La fatigue crée un terrain favorable au stress et au drame,
À une lecture excessive des événements.
C'est pourquoi il est important d'identifier ses propres limites,
Et d'apprendre à se reposer.

Pensée du 164ᵉ soir
13 juin

Conscient

Savoir s'émerveiller, apprécier le beau et le positif en chaque chose.

Pensée du 165ᵉ soir
14 juin

Une seule vie

On n'a qu'une seule vie à vivre.
Il est donc urgent d'être heureux
Et de donner un sens à son existence.

Pensée du 166ᵉ soir
15 juin

Épreuve

Il y a deux façons d'aborder une épreuve :
– en avoir peur ;
– y voir l'opportunité d'évoluer.
Le choix n'appartient qu'à soi.

Pensée du 167ᵉ soir
16 juin

Grave

Il suffit parfois de décider qu'un événement n'est pas grave pour qu'il soit aussitôt moins sérieux qu'on ne le craignait.

Pensée du 168ᵉ soir
17 juin

Obstacles

Les obstacles paraissent moins hauts lorsqu'on
s'arme de volonté et de courage pour les affronter.

Pensée du 169ᵉ soir
18 juin

Attitudes

En observant attentivement le comportement et l'attitude des autres,
   On peut mieux imaginer leur avenir
   Et pressentir ce qui fera leur bonheur ou leur malheur.

Pensée du 170ᵉ soir
19 juin

Excès

À ne pas corriger ses excès, on s'expose à en être
victime.

Pensée du 171e soir
20 juin

Rester discret

En évitant l'ostentation, la vantardise, les bavar-
dages inutiles, on s'épargne bien des ennuis, et beaucoup d'ennemis.

PENSÉES POUR L'ÉTÉ

Conte pour l'été

Le trésor caché

Il y a plusieurs siècles de cela, un homme très riche et très puissant croisa la route d'un pauvre hère qui allait à pied, sous le chaud soleil d'été. Malgré son apparent dénuement, il semblait serein et gai. Il ne possédait qu'une paire de chaussures et une canne, qui l'aidaient à progresser sur les chemins difficiles, sans autre protection contre les rayons de Phébus que sa bonne humeur.

Son visage respirait le bonheur.

L'homme riche, en revanche, se déplaçait dans un bel attelage, porté par de fiers destriers blancs. Ses serviteurs brandissaient au-dessus du carrosse un immense parasol et de grands éventails aux couleurs chatoyantes. Tous ceux qui composaient la suite du seigneur étaient vêtus des livrées les plus belles, ornées de broderies d'or. Mais lui, tapi dans l'ombre au fond de ses coussins, présentait sans cesse une face tourmentée, soucieux qu'il était de développer à chaque instant sa fortune, déjà immense.

Néanmoins, sa quête perpétuelle d'argent ne l'avait pas rendu indifférent aux douleurs des autres.

Apercevant le pauvre marchant non loin de là, il fit arrêter son attelage :

— Holà, où vas-tu comme ça, brave homme ? Tu sembles bien démuni. Veux-tu faire partie de mes serviteurs ? Ainsi, tu ne seras plus dans la misère. Chacun d'entre eux est payé cent sous.

— Mille mercis de votre générosité, monseigneur, répondit l'humble marcheur avec douceur. Je préfère garder ma liberté. Elle me permet d'aller et venir à mon gré et où bon me semble. De plus, en vérité, j'ai entrepris un long voyage, à la recherche d'un trésor.

— Un trésor ? Tu m'intéresses, reprit le richissime personnage, toujours avide de plus de biens. Comment ça, un trésor ?

— Oui, messire, un beau et merveilleux trésor. Celui qui le découvre devient aussitôt le plus riche et le plus heureux des hommes. Aucune fortune au monde ne peut égaler ce que je cherche.

— Mais dis-moi où il est, je t'aiderai à le trouver, et nous le partagerons. Voilà un marché qui me paraît bien équitable. Qu'en penses-tu ?

— Vous avez raison. Mon trésor demande bien des efforts. Il est très loin, là-bas, après les steppes et les montagnes, au-delà du désert et des mers. Nous ne serons pas trop de deux pour le découvrir. Je veux bien que vous veniez avec moi. Mais il vous faut laisser là votre équipage et vos gens, car ce trésor a un secret : il se révèle à ceux qui se sont donné la peine de le chercher, sans artifice de puissance ou de gloire.

— Qu'à cela ne tienne, je pars avec toi, répondit aussitôt le nanti, abandonnant sur-le-champ sa suite et ses chevaux, oubliant son confort et ses protections du soleil.

Aussitôt, les deux hommes se mirent en route. Ils marchèrent des jours et des lunes. Ils traversèrent les déserts du Sud, où ils virent de somptueux paysages et de magnifiques soleils couchants, descendirent des rivières dans lesquelles ils pêchèrent des poissons aux saveurs exquises, ils gravirent des montagnes où ils virent pour la première fois la neige, découvrirent les steppes du Nord et leurs splendides pur-sang sauvages. Ils progressèrent ainsi durant de longues saisons, affrontant ensemble mille périls. Lorsque le riche marchand se blessa au pied sur une mauvaise pierre, le sage le porta sur ses épaules, et ainsi durant plusieurs jours. Lorsque celui-ci fut à son tour affaibli par le froid, le seigneur lui offrit ses riches vêtements afin de le protéger.

Ainsi s'écoulèrent les mois. Chemin faisant, les deux hommes apprirent à se connaître. De grandes discussions les animaient, et parfois les faisaient rire aussi. Ils dormaient tantôt à la belle étoile, tantôt dans des abris de fortune, se nourrissaient frugalement et partageaient le vin lorsque, par bonheur, ils en trouvaient. Le marchand ne demandait jamais où était le trésor, tant il redoutait de paraître incongru. Un jour, cependant, alors qu'une année s'était écoulée depuis leur départ, il interrogea son compagnon de route.

– Voilà des mois que nous progressons, lui dit-il. Nous avons affronté mille dangers. Nous avons traversé les déserts, les mers et les plaines, et je ne vois toujours pas de trésor. Ne t'es-tu pas trompé, mon ami ?

– Pas du tout. J'ai trouvé le plus grand, le plus beau et le plus merveilleux de tous les trésors.

– Comment ça ? s'étonna l'autre, soudain furieux de ne s'être aperçu de rien. Tu l'as trouvé et ne m'as rien dit, félon ? Traître ! Nous devions pourtant le partager ! Mais où est-il donc ?

– Là, à côté de moi, depuis des semaines et des mois, répondit le sage. Me voilà riche de ton amitié, et toi de la mienne. N'est-ce pas là la plus grande des fortunes ?

Son compagnon accueillit ces propos sans un mot.

Puis, les larmes aux yeux, comprenant le message, il se leva et serra son ami dans ses bras.

Au bout de quelques minutes, il ajouta :

– Je crois que nous devons reprendre notre route, maintenant.

Et ensemble, les deux hommes poursuivirent leur chemin.

Pensée du 172e soir
21 juin

Sensualité

Comme les soirées d'été
Délicatement fraîches et parfumées
Appellent à la sensualité et à l'amour !

Et si l'on se laissait porter par ces douces sensa-
tions ?

Pensée du 173ᵉ soir
22 juin

Rire

Après une journée de travail,
Trouver le temps, la force et le talent...
... de rire.

Pensée du 174ᵉ soir
23 juin

Le temps...

Tout peut attendre,
Y compris – et surtout – les problèmes,
Tous ceux qui semblent urgents.
Une décision trop rapide est parfois plus désastreuse que pas de décision du tout.

Pensée du 175ᵉ soir
24 juin

J'ai rendez-vous avec moi-même

Prendre rendez-vous de temps en temps
Avec nous-même
Pour penser à soi,
S'occuper de soi,
Et faire le point de ses projets...

Depuis combien de temps s'est-on oublié ?

Pensée du 176e soir
25 juin

Rendre

Tout ce que nous possédons n'est à nous que le temps de notre existence.

À l'heure du dernier voyage, tout sera rendu et dispersé.

Pourquoi, alors, se mettre dans tous nos états si on le perd, le casse ou si on nous le vole ?

À y regarder de plus près, on n'a fait que le restituer un peu plus tôt... C'est tout.

Pensée du 177ᵉ soir
26 juin

Discernement

Une des grandes sagesses de la vie est d'apprendre à discerner l'essentiel de l'accessoire.

Pensée du 178ᵉ soir
27 juin

Fraîcheur

En été, le soir, poser une serviette fraîche et humide sur son visage.

Respirer et se relaxer ainsi quelques secondes.

Pensée du 179ᵉ soir
28 juin

Plus près de la nature

En fin de journée, tout ce que l'on fait pour se rapprocher de la nature contribue à nous apaiser.

Pensée du 180ᵉ soir
29 juin

Réjouissances

Lire un bon livre
Partager un repas entre amis
Prendre un bain chaud
Raconter une histoire à ceux qui nous entourent
Téléphoner à un ami
S'offrir son dessert préféré
Savourer un bon verre de vin
Faire l'amour avec la personne que l'on aime
Chanter sous la pluie
Observer la beauté d'une ville illuminée la nuit...

Il y a tant d'occasions de se réjouir
Là où on est.
Tant de raisons d'être heureux !

Pensée du 181e soir
30 juin

Le verre d'eau

Combien de fois s'est-on noyé dans un verre d'eau, aujourd'hui ?
Cela en valait-il la peine ?

Pensée du 182e soir
1er juillet

L'exemple

Ne pas attendre que les autres changent pour changer soi-même.

Être plutôt celui qui montre l'exemple.

Les autres évolueront à leur tour.

Pensée du 183ᵉ soir
2 juillet

Prendre son temps

Dès que l'on prend son temps,
On apprécie les insignifiances de la vie,
Ces détails imperceptibles qui en font toute la saveur.

Pensée du 184ᵉ soir
3 juillet

Ce que les enfants savent

Si les enfants sont heureux et gais, c'est parce qu'ils savent vivre dans l'instant présent, sans se poser de questions.

Réapprenons nos réflexes d'enfance.

Pensée du 185ᵉ soir
4 juillet

Sable

En été,
Prendre une poignée de sable dans sa main
Et laisser filer les milliers de grains...
Lentement...
Entre ses doigts.
Et puis recommencer...

Pensée du 186ᵉ soir
5 juillet

Oublier l'heure

Cesser de regarder sa montre.
La comptabilité du temps est un facteur de stress.

Pensée du 187ᵉ soir
6 juillet

Calme

Est-on certain que ce que l'on pense être important, l'est vraiment ?

Si l'on n'en est plus tout à fait sûr, mieux vaut alors
ne pas s'agiter en vain, et conserver son calme.

Pensée du 188ᵉ soir
7 juillet

Lucidité

Un homme calme est un homme lucide.

Pensée du 189ᵉ soir
8 juillet

Laisser reposer

Le soir – est-ce à cause de la fatigue ou de l'obscurité ? –, nos préoccupations paraissent souvent
plus graves ou plus angoissantes.

Mieux vaut les laisser reposer et attendre le matin
pour prendre la décision qui convient.

Pensée du 190ᵉ soir
9 juillet

De l'attention

Est-on sûr d'avoir su écouter les autres, aujourd'hui ?

Pensée du 191ᵉ soir
10 juillet

Concentration

Lorsqu'on est concentré sur ce que l'on a à faire,
Quelle que soit l'importance de la tâche,
Lorsqu'on la réalise avec soin et application,
On vit alors pleinement dans le moment présent.

Pensée du 192ᵉ soir
11 juillet

Couleur

Notre existence prend souvent le sens qu'on lui destine,
La couleur qu'on lui attribue.
À chacun de choisir la sienne...

Pensée du 193ᵉ soir
12 juillet

Détente

Le soir,
Ne rien négliger qui soit susceptible de contribuer
à nous détendre.

Pensée du 194ᵉ soir
13 juillet

Arroser les plantes

Les soirs d'été, arroser les plantes dans son jardin ou sur son balcon.

Et se remettre ainsi en harmonie avec la nature.

Pensée du 195ᵉ soir
14 juillet

En soi

En fin de journée, il peut être bon de méditer ce
proverbe chinois :
« La fontaine la plus rafraîchissante est en soi. »

Pensée du 196ᵉ soir
15 juillet

Repérer « son » étoile

Les soirs d'été,
Lorsque le temps est dégagé,
Observer le ciel,
Choisir une étoile,
Son étoile.
La repérer
Et regarder chaque soir la progression de son par-
cours céleste. Rêver,
Voyager avec elle...

Pensée du 197ᵉ soir
16 juillet

Relativiser

Une soirée passée chez soi avec sa famille, au milieu de l'amour des siens, permet de se régénérer et de relativiser la plupart de ses tracas.

Pensée du 198ᵉ soir
17 juillet

Réflexion de fin de journée

Éviter les colères, les mouvements d'humeur.

La maîtrise de soi est la clé qui ouvre la porte d'une vie plus calme et plus heureuse.

Y penser en fin de journée pour ne plus recommencer le lendemain les erreurs du jour.

Pensée du 199e soir
18 juillet

Question de choix

Chacun d'entre nous a le choix.
Prendre le bon côté des choses ou le mauvais.
Voir le verre à moitié vide ou à moitié plein.
Accueillir les événements avec le sourire ou les poings serrés.
Dire « c'est la catastrophe » ou « ça va s'arranger ».
Voir tout en noir ou tout en couleur.
Être calme et ouvert, agressif et fermé...
Et décider de faire ainsi de son existence
Un chemin de fleurs ou un chemin d'épines.

Pensée du 200e soir
19 juillet

Pour moi

En fin de journée, se poser la question :
Qu'ai-je fait pour moi aujourd'hui ?
Si la réponse est : « rien »,
Il est alors encore temps d'agir et de songer enfin
à se faire plaisir.

Pensée du 201ᵉ soir
20 juillet

Urgence

Un jour au cours duquel on n'a pas ri est un jour perdu.

Avant de se coucher, penser à sourire, à rire, et ouvrir ainsi une porte au bonheur.

Pensée du 202ᵉ soir
21 juillet

L'acceptation

Être positif, c'est accepter la vie telle qu'elle est, avec son lot de réjouissances et de déconvenues.

Pensée du 203ᵉ soir
22 juillet

Schémas négatifs

Si l'on n'a pas été calme dans sa journée,
Le soir est propice à décider de maîtriser ses nerfs
en ne reproduisant pas de schémas négatifs.

Pensée du 204e soir
23 juillet

Désarmer

Apprendre à désarmer son adversaire en lui souriant et en restant serein.

Pensée du 205ᵉ soir
24 juillet

Enseignements

Les revers comme les succès sont autant de sources
d'enseignement.

Pensée du 206e soir
25 juillet

De l'urgence de ralentir

Vivre vite, c'est vivre en aveugle.
Pour mieux voir, ralentir le rythme.

Pensée du 207e soir
26 juillet

À l'intérieur

À la fin d'une journée chargée et agitée,
Se dégager un peu de temps
Pour méditer en inspirant
Puis expirant à fond,
Les yeux fermés,
Pendant quelques minutes.
Aussi souvent que possible, apprendre ainsi à rechercher en soi les plages de calme et de sérénité.

Pensée du 208ᵉ soir
27 juillet

La plénitude des oiseaux

S'offrir un disque de chants d'oiseaux
Et l'écouter en fin de journée.
Les imaginer insouciants dans les branches,
Et apprécier la plénitude qui s'en dégage.

Pensée du 209ᵉ soir
28 juillet

Avouer une erreur

Savoir reconnaître son erreur, et oser le dire,
C'est se mettre en accord avec soi-même.

Pensée du 210e soir
29 juillet

En soi

Nos propres ressources sont immenses, et souvent méconnues de nous-mêmes. Il est important de se faire confiance, de savoir en toutes circonstances chercher en soi-même des forces vives et régénératrices.

Pensée du 211ᵉ soir
30 juillet

Soirée d'été

Savoir apprécier la douceur exquise d'une soirée d'été, où la nature est douce et parfumée, comme un moment d'éternité.

Pensée du 212ᵉ soir
31 juillet

Grain de sable

Pour gagner une partie, il est important de ne négliger aucun détail.

C'est souvent un minuscule grain de sable qui fait échouer les plus grandes entreprises.

Pensée du 213ᵉ soir
1ᵉʳ août

Vaincre de soi

Il faut se regarder sans fard pour se connaître soi-même,
Apprendre à se vaincre
Et ainsi progresser.

Pensée du 214ᵉ soir
2 août

Confiance

Si l'on ne croit pas en soi, inutile d'attendre des autres qu'ils nous fassent confiance.

Pensée du 215ᵉ soir
3 août

Réussite

Pour réussir
Il faut être effronté
Audacieux
Optimiste
Courageux
Car le courage, c'est aussi de prendre son destin à
bras-le-corps.

Pensée du 216ᵉ soir
4 août

Lâcher prise

À vouloir avoir raison à tous les coups,
On s'épuise en de vains combats.
Lâcher prise et laisser les autres prendre la main.
La liberté et l'apaisement sont parfois à ce prix.

Pensée du 217ᵉ soir
5 août

Faire silence

Il suffit parfois de se taire pour mieux se comprendre.

Pensée du 218e soir
6 août

Envers et contre tout

Certes, tout ne va pas pour le mieux.
Mais tout va-t-il si mal ?
Et si l'on décidait d'être heureux quand même ?
Envers et contre tout ?

Pensée du 219e soir
7 août

Jeter le négatif

Choisir une pensée négative,
La noter sur un bout de papier,
Puis le froisser
Et le jeter à la poubelle.
Visualiser ce geste pour en capter toute la puissance
Et la symbolique.

Pensée du 220e soir
8 août

Conserver le positif

À l'inverse,
Choisir une idée positive,
La noter sur un morceau de papier,
La conserver près de soi comme « pensée de che-
vet »,
Et la lire régulièrement.

Pensée du 221ᵉ soir
9 août

Attendre ?

Attention, « plus tard » se transforme parfois en « jamais ».

Pensée du 222e soir
10 août

Réaliser soi-même

La nature a horreur du vide.
Ce que l'on ne fait pas nous-même,
Quelqu'un d'autre l'accomplira à notre place.

Pensée du 223e soir
11 août

Responsabilité

Bien des choix nous sont offerts, des merveilles à
notre portée,
De l'amour,
Des opportunités,
Des rencontres,
Des amis potentiels,
Des trésors à partager,
Si nous savons les voir...
Mais qu'allons-nous décider d'en faire ?

Pensée du 224ᵉ soir
12 août

Chemins de sagesse

La sagesse n'est pas un but ultime,
Que l'on atteint après des années d'expérience,
Ou lorsqu'on est très vieux.
C'est un cheminement quotidien.
Un art de vivre
Qui consiste à apprendre chaque jour,
Mais aussi à accepter et à relativiser
Les événements, positifs ou négatifs,
De notre existence.

Pensée du 225ᵉ soir
13 août

Bords de l'eau

En vacances,
L'été,
S'offrir une balade au bord de l'eau,
Pieds nus sur le sable,
Dans le ressac des vagues.
Sentir la fraîcheur
La douceur
Le bien-être.
Apprécier cet instant
Pleinement,
N'est-ce pas un vrai moment de bonheur ?

Pensée du 226ᵉ soir
14 août

Envie de rien

Quand on cesse d'avoir envie,
On se sent soulagé et libéré.

Pensée du 227ᵉ soir
15 août

Endurance

Dans la vie, il ne suffit pas de prendre le meilleur départ,
Mais de savoir aussi faire preuve d'endurance et de constance
Pour sans cesse progresser
Et repousser ses limites.

Pensée du 228ᵉ soir
16 août

Victoire

Avoir su résister calmement à une personne ou à un événement qui s'est acharné à nous contrarier est une belle victoire sur soi-même.

Pensée du 229ᵉ soir
17 août

La conscience du bonheur

Quand le bonheur est là
Et qu'on en a conscience,
Le goûter,
L'apprécier,
Et s'empresser de le faire partager.

Pensée du 230ᵉ soir
18 août

Se rendre service

Qu'importe qui a gagné ou perdu.

Lorsqu'on a évité un conflit, même s'il ne s'est pas soldé à notre avantage, c'est d'abord à soi que l'on a rendu service.

Pensée du 231e soir
19 août

Pieds nus

Le soir,
Retirer ses chaussures
Et marcher pieds nus dans la maison ou dans le jardin.
Sentir la fraîcheur du sol,
S'imprégner de la sensation de bien-être qui en découle.
C'est un excellent moyen de se détendre.

Pensée du 232ᵉ soir
20 août

Embellissement

Opter résolument pour tout ce qui est susceptible d'embellir, d'adoucir, d'apaiser et d'illuminer la soirée...

Pensée du 233e soir
21 août

Ralentir

La fin du jour est le moment propice pour prendre son temps, ralentir le rythme, marcher à pas lents, changer de cadence. Le bruit et la précipitation des heures précédentes sont loin. Penser à bâtir son bonheur, dans le calme et la sérénité retrouvés.

N'est-on pas mieux ainsi ?

Pensée du 234ᵉ soir
22 août

Contraintes ?

Plus les contraintes sont acceptées et accomplies avec grâce, plus elles paraissent légères.

Pensée du 235e soir
23 août

Énergie

Où courons-nous comme ça ?
Est-on certain de ne pas gaspiller vainement notre énergie ?

Pensée du 236ᵉ soir
24 août

*À **notre porte***

Accepter les contraintes au lieu de tout faire pour
les éviter.

Tôt ou tard, elles viennent de toute façon frapper
à notre porte.

Pensée du 237ᵉ soir
25 août

Sincérité

Même si elle peut paraître désagréable, la parole
sincère vaut mieux que tout pieux mensonge.

Pensée du 238ᵉ soir
26 août

Révisions

En bon élève de l'école de la vie, réviser chaque
soir les leçons apprises pendant la journée, en repas-
sant le film des heures qui viennent de s'écouler.

Pensée du 239e soir
27 août

Message

Accueillir les leçons de la vie en les identifiant
Et en acceptant leur message
Est une preuve de sagesse.

Pensée du 240e soir
28 août

Savoir aider

Noter comme il est facile de conseiller
Et beaucoup moins d'aider.
Apprenons à faire l'inverse.

Pensée du 241e soir
29 août

Avec les autres

Éviter d'imposer aux autres ce que l'on n'accepterait pas pour soi-même,
C'est commencer à les respecter,
Comme l'on se respecte soi.

Pensée du 242ᵉ soir
30 août

Sélectifs, parfois

Il est vain de chercher à être apprécié par tous.
Parfois il faut renoncer à plaire à tout prix.
Moins s'éparpiller
Pour donner davantage à qui nous aime vraiment.

Pensée du 243ᵉ soir
31 août

S'affirmer

Dire oui peut être, parfois, une preuve de faiblesse.
Savoir dire non peut aider, en certaines circonstances, à s'affirmer.

Pensée du 244ᵉ soir
1ᵉʳ septembre

Ce que cache le succès

Derrière chaque sourire
Chaque réussite éclatante
Se cachent parfois des larmes et des épreuves que
l'on ignore.
Puiser dans cette certitude
Le courage de surmonter ses propres déceptions.

Pensée du 245e soir
2 septembre

Limites

Connaître et faire connaître ses propres limites.

Pensée du 246ᵉ soir
3 septembre

En accord avec soi-même

On se sent toujours plus libre lorsqu'on sait exprimer ce que l'on ressent.

On est alors en accord avec soi-même.

Pensée du 247ᵉ soir
4 septembre

Prolonger le bonheur

Notre capacité à être heureux dépend de notre faculté à relativiser les problèmes.

Apprécier, renouveler et prolonger les petits bonheurs de l'existence, voilà les secrets du bonheur !

Pensée du 248ᵉ soir
5 septembre

Pouvoir

Souvent,
Plus souvent qu'on ne le croit,
Il suffit de vouloir pour pouvoir.

Pensée du 249e soir
6 septembre

Récidives

Celui qui nie ses erreurs s'expose à les recommencer.

Pensée du 250e soir
7 septembre

Passions

Aimer sa vie,
Trouver une forme d'accomplissement dans son travail,
Accepter ses contraintes,
Se savoir riche de l'amour des siens,
De l'amitié de personnes fidèles...
Et n'attendre rien de plus,
Là réside la vraie sagesse.

Pensée du 251ᵉ soir
8 septembre

L'irrésolution

Choisir est difficile,
Car « tout choix suppose des obsèques », écrivait
Bossuet.
Mais l'irrésolution est une prison qui enferme
encore plus sûrement à l'intérieur de soi.

Pensée du 252ᵉ soir
9 septembre

Ne pas cacher ce que l'on est

Ne pas camoufler ses faiblesses, ses doutes, ses points faibles. La sagesse chinoise rappelle opportunément qu'il n'est de pire maladie que celle que l'on cache.

Pensée du 253e soir
10 septembre

Sas de décompression

Après une journée de travail, utiliser sa voiture ou les transports en commun comme un sas de décompression.

Écouter de la musique douce,

Méditer,

Faire des exercices de respiration,

Prendre des résolutions pour mieux gérer sa journée de travail du lendemain,

Et s'imprégner du plaisir de retrouver son havre.

Pensée du 254e soir
11 septembre

Mélancolie

Penser à ses parents ou à ses proches disparus,
Sans tristesse ou mélancolie excessive.
Songer à ce qu'ils ont été pour nous,
Ce qu'ils nous ont appris
Au rôle qu'ils ont joué dans notre existence.
Et remercier le ciel de la chance que l'on a eue
De les avoir connus.

Pensée du 255ᵉ soir
12 septembre

Le temps est notre richesse

Le temps est ce que nous avons de plus précieux.
Il faut éviter de le gaspiller
Et savoir le partager avec ceux que l'on aime.

Pensée du 256e soir
13 septembre

Franchise

La franchise est une forme de courage et d'honnêteté morale, dont peu d'hommes peuvent s'enor-
gueillir.

Pensée du 257ᵉ soir
14 septembre

Obstination

Ce que l'on veut,
Il faut le vouloir fortement,
Et obstinément.

Pensée du 258ᵉ soir
15 septembre

Maîtrise

La sagesse vient de la pratique régulière de la maîtrise de soi.

Pensée du 259ᵉ soir
16 septembre

Maître

Réapprendre à être maître de soi pour devenir ensuite maître des autres.

Pensée du 260ᵉ soir
17 septembre

Évacuer les tensions

Si l'on est énervé, contrarié, stressé, faire un peu d'exercice ou de sport en rentrant chez soi peut aider à évacuer les tensions de la journée.

L'activité physique est un formidable « déstressant ».

Pensée du 261e soir
18 septembre

Libération

Pourquoi s'encombrer de vieilles rancunes ?
D'animosité ?
De ressentiment ?
Délestons-nous de ces bagages inutiles.

Pensée du 262ᵉ soir
19 septembre

Digne de confiance

La confiance en l'autre est comme un fil fragile.
Chaque promesse tenue,
Chaque parole sincère,
Chaque attention
Contribue à le solidifier.
Mais chaque manquement le fragilise durablement.

Pensée du 263ᵉ soir
20 septembre

Récoltes

Inutile de se lamenter, on récolte ce que l'on sème.
C'est l'un des principes immuables de l'existence.
Et c'est finalement très juste.

PENSÉES POUR L'AUTOMNE

Conte pour l'automne

Le miroir magique

Un jour, dans un pays lointain et en des temps reculés, un jeune homme qui se promenait dans les allées d'un marché remarqua une étrange échoppe aux objets extraordinaires. L'étal était rempli d'un bric-à-brac de curiosités des plus insolites. Le jeune homme fut fasciné. À l'écart, il remarqua une pièce de velours riche qui recouvrait un objet plat et rond.

– Qu'y a-t-il sous ce tissu entourant cette drôle de forme ? demanda-t-il au marchand.

– Cela tient de la magie, répondit celui-ci. Approche, je vais te montrer.

Avec infiniment de précaution, il souleva l'étole. Le jeune homme découvrit alors une sorte de plateau dont la surface était polie et brillante, d'une matière qu'il n'avait jamais vue jusque-là et qui lançait de curieux reflets.

Intrigué, il se pencha. À sa grande surprise, il reconnut à l'intérieur l'image de son père, mort depuis des années, tel qu'il était dans sa jeunesse.

Il se redressa brusquement, très ému, pensant qu'il avait une hallucination. Puis il regarda encore l'objet, et vit de nouveau son père, qui le dévisageait à son tour. Bouleversé de revoir celui qu'il avait tant aimé, le jeune homme lui sourit. Et son père lui sourit aussi.

– Tu as raison, marchand. Cet objet est magique ! s'exclama-t-il. Je te l'achète !

– Cela s'appelle un miroir, répondit l'autre. C'est un ustensile rare et précieux. Sa valeur est immense.

– Qu'importe, répondit l'acheteur excité. Je te donne tout ce que je possède pour l'emporter. Grâce à lui, je pourrai revoir, autant de fois que je le souhaite, mon père bien-aimé.

L'affaire fut conclue. Une fois rentré chez lui, le jeune homme dissimula le miroir dans son grenier. De temps à autre, il allait voir l'image de son père, et restait de longues heures à la contempler.

Intriguée de ces moments d'isolement prolongés et répétés, sa femme profita un jour de son absence pour tenter de percer le secret de son étrange attitude. Et dans le grenier, soulevant la pièce de velours, elle découvrit le miroir et vit... une femme.

Son mari en aimait une autre ! À son retour, elle lui fit une scène terrible. Elle hurlait mille reproches. Elle avait percé son secret, lui qu'elle aimait se rendait coupable de la plus infâme des trahisons !

– Pas du tout, se défendit-il, c'est l'image de mon père que je vais contempler tous les jours. Cela me remplit de bonheur !

– Menteur. C'est une femme que tu vas voir...

La dispute prenait de l'ampleur. Le mari proposa alors à son épouse de demander un avis extérieur pour les départager.

Il s'en fut au couvent voisin quérir une nonne afin

de réclamer son arbitrage. La sainte femme ne pou-
vait que dire la vérité.

Celle-ci vint et à son tour se pencha sur le miroir.
Elle releva la tête et conclut doctement :

– C'est une nonne !

Ainsi tout le malheur des hommes vient de ce
qu'ils ne regardent pas le monde tel qu'il est, mais tel
qu'ils le voient.

Pensée du 264ᵉ soir
21 septembre

Pluie d'automne

Profiter du changement de saison pour écouter tomber la pluie, un soir d'automne.

Imaginer que l'eau rince l'univers et l'atmosphère.

Et se sentir en paix, en accord, avec l'ordre naturel des choses.

Pensée du 265ᵉ soir
22 septembre

Feuilles mortes

Pourquoi ne pas profiter d'une fin d'après-midi d'automne pour aller ramasser des feuilles en forêt ou dans un parc des alentours ?

Observer leurs couleurs, leurs formes.

Écouter leur histoire alors qu'elles bruissent sous nos pas. Respirer profondément.

Et participer ainsi à la douce béatitude du changement de saison.

Pensée du 266ᵉ soir
23 septembre

Étoiles

Le soir, quand le ciel est dégagé,
Lever la tête vers les étoiles.
Et être heureux de cet instant.

Pensée du 267e soir
24 septembre

Réaction

Il est toujours possible de décider de quelle façon les événements vont nous affecter.

Car il y a ce qui se produit, et notre réaction face à ce qui arrive.

Et au milieu, notre choix : celui d'opter pour une attitude positive ou négative.

Pensée du 268e soir
25 septembre

Promenade du soir

Faire une promenade le soir pour se retrouver avec soi-même ou avec la personne que l'on aime.

Partager ainsi un moment de douceur, de complicité et de silence.

Respirer les odeurs de la nuit tombée, écouter les bruits...

Se régénérer en prenant pleinement conscience de ces instants privilégiés.

On s'endort ainsi plus léger, plus apaisé, et sans doute plus heureux.

Pensée du 269ᵉ soir
26 septembre

Force intérieure

Ne pas laisser l'entourage ou les circonstances extérieures dicter notre humeur.

Leur opposer une attitude positive, optimiste, et faire comprendre que rien ne saurait altérer cette force intérieure.

Pensée du 270e soir
27 septembre

Plénitudes

Le bonheur et la plénitude sont faits de grandes acceptations.

Résister au cours des choses, c'est se battre en vain contre le cours naturel de la vie.

On en sort épuisé, et frustré.

Pensée du 271e soir
28 septembre

Jouir de l'instant

La vie est simple, en fait.

Comme un pêcheur sur sa barque se laisse porter par le courant, il faut en suivre le cours sans autre préoccupation que la jouissance de l'instant.

Pensée du 272ᵉ soir
29 septembre

Limpide

Lorsqu'on accepte de vivre dans l'instant présent, toute la beauté de la vie se révèle à nous dans son évidente limpidité.

Pensée du 273ᵉ soir
30 septembre

Éveil

La paix suprême résulte d'une prise de conscience,
d'un éveil intérieur.
Ainsi, tout bonheur se cherche-t-il en soi.

Pensée du 274e soir
1er octobre

Un peu plus tôt

Rentrer chez soi une demi-heure plus tôt.

Se ménager ainsi quelques moments de calme et de sérénité.

Et en ressentir les bienfaits, tout simplement.

Pensée du 275ᵉ soir
2 octobre

Dissiper son brouillard intérieur

Quand le temps est brumeux, on distingue mal le chemin, et l'on court le risque de se perdre.

De même, quand nous camouflons nos sentiments, ce sont les autres qui nous perdent et ne trouvent pas la voie pour tenter de nous comprendre.

Pensée du 276ᵉ soir
3 octobre

Soleil du soir

Chasser mentalement les nuages qui encombrent notre réflexion.
Tracas,
Mauvaises pensées,
Colères...
Et imaginer que notre esprit est un jardin ensoleillé.
N'est-on pas mieux, soudain ?

Pensée du 277ᵉ soir
4 octobre

Confiance aux autres

Si l'on ne fait pas confiance à ses collaborateurs ou à son entourage, c'est que l'on n'a pas confiance en ses propres choix, donc en soi.

Pensée du 278ᵉ soir
5 octobre

Les petites besognes

Ne pas négliger les « petites » tâches, celles qui nous paraissent subalternes et dérisoires.

Elles contribuent, pierre à pierre, à bâtir le socle de notre quotidien.

Pensée du 279ᵉ soir
6 octobre

Mission

Ne jamais sous-estimer sa mission sur terre.

Il n'existe pas de besognes importantes et d'autres dérisoires.

Il n'y a que des tâches utiles.

Chacun à notre place, nous avons un rôle constructif à jouer.

Ne pas oublier que le battement d'ailes d'un papillon a le pouvoir de modifier tout l'ordre de l'univers.

Alors...

Pensée du 280e soir
7 octobre

Concrétiser ses rêves

Mettre toute son énergie dans la réalisation de ce que l'on croit inaccessible.

D'aucuns affirment qu'une vie réussie passe par la réalisation d'un rêve d'enfant.

Alors qu'attendons-nous ?

Pensée du 281ᵉ soir
8 octobre

Prise de conscience

La vie ne se résume pas à une succession d'« avoir » : avoir plus d'argent, plus de responsabilités, plus de possessions... mais à une suite de prises de conscience.

Pensée du 282ᵉ soir
9 octobre

Eux et nous

Être attentif, poli, calme et bienveillant avec les autres,

C'est être respectueux avec soi-même.

Pensée du 283ᵉ soir
10 octobre

Réparation

Si l'on réalise que l'on a commis une erreur au cours de la journée, l'un des premiers gestes du lendemain doit être de tout faire pour la réparer.

Pensée du 284ᵉ soir
11 octobre

Épreuves

On n'est jamais seul à affronter les épreuves.

Mêmes ceux dont le parcours semble semé de roses ont connu des drames et des revers.

Pensée du 285ᵉ soir
12 octobre

Sérénité

La sérénité conduit à la beauté,
À l'amour,
Et à l'accomplissement de soi.

Pensée du 286ᵉ soir
13 octobre

« S'éveiller »

Profiter du calme de la soirée pour « s'éveiller » et apprécier ces petites choses que notre esprit affairé et tourmenté ne voit pas au cours de la journée.

Pensée du 287ᵉ soir
14 octobre

Positiver

Une pensée positive est une porte entrouverte vers le bonheur.
Poussons-la.

Pensée du 288ᵉ soir
15 octobre

Les messages de l'inconscient

Notre inconscient nous envoie des messages qu'il faut apprendre à décrypter.

Ainsi, lorsque nous pensons à une personne perdue de vue, par exemple, peut-être est-ce une invitation à reprendre contact avec elle ?

Qui sait alors le rôle qu'elle va jouer dans notre vie ?

Pensée du 289e soir
16 octobre

Chance

Notre existence est entre nos mains.

Nous sommes responsables de ce que nous en faisons et de la chance que nous provoquons ou que
nous saisissons.

N'est-ce pas rassurant ?

Pensée du 290e soir
17 octobre

Prise de risque

Au casino, lorsqu'on mise tout sur le même chiffre, il est certes possible de gagner gros, mais on court davantage le risque de tout perdre.

Il en va de même dans la vie.

À chacun de choisir sa partie et l'importance de sa mise.

En connaissance de cause...

Pensée du 291ᵉ soir
18 octobre

Mauvaises habitudes

Prudence avec les mauvaises habitudes, les travers non corrigés, les négligences accumulées, les libertés prises avec la morale...

À la longue, ces mauvaises habitudes finissent par devenir « nature ».

Pensée du 292ᵉ soir
19 octobre

Avant de dormir

Ne pas s'endormir sans dire un mot d'amour à celui ou celle que l'on aime.

Pensée du 293ᵉ soir
20 octobre

Comme les enfants

Noter comme des situations déjà vécues se répètent.

Ce n'est pas un hasard.

Les leçons de l'existence réapparaissent sous des formes différentes tant que nous ne les avons pas comprises, tant que nous ne changeons pas de comportement, tant qu'elles ne sont pas assimilées.

Une fois que nous trouvons la « clé » pour en venir à bout, les schémas auxquels on se croyait condamné s'évanouissent.

Ainsi, comme les enfants à l'école, nous avons besoin de « rabâcher » nos leçons pour les assimiler et ne plus réitérer les mêmes erreurs.

Pensée du 294ᵉ soir
21 octobre

Créer son espace de bonheur

Lorsque l'on voit la fureur du monde et la folie des hommes, on se dit qu'il y a urgence à créer son propre espace de bonheur.

Là, maintenant, tout de suite.

Pensée du 295ᵉ soir
22 octobre

Ne rien faire

De temps en temps, s'exercer à passer une soirée à ne rien faire.

Mais vraiment RIEN.

Rester simplement assis ou allongé, la conscience en éveil.

Fabriquer ainsi des réserves de calme.

En nous et alentour.

Pensée du 296ᵉ soir
23 octobre

Des malheurs très relatifs

Cessons de nous plaindre.
Si l'on devait comparer ses « malheurs » à ceux des autres, on serait finalement très heureux de conserver les siens.

Pensée du 297ᵉ soir
24 octobre

Ombre

Les Chinois rappellent qu'un cheveu, si fin soit-il,
a toujours une ombre.

Pensée du 298ᵉ soir
25 octobre

Déconnexion

Le soir, une fois chez soi, ôter sa montre.

En agissant ainsi, on matérialise sa décision de se déconnecter du temps, pour enfin « prendre son temps », précisément.

Pensée du 299ᵉ soir
26 octobre

Habitudes

Les rites et les habitudes sont des ancrages.
Ils jouent un rôle dans la préservation de notre équilibre intérieur.
Ils nous aident à résister aux pressions externes et à surmonter les épreuves.

Pensée du 300e soir
27 octobre

Fleurs

Certaines fleurs poussent au milieu du béton,
D'autres en plein désert.
Cela fait partie des miracles de la vie.
N'est-ce pas la preuve que la beauté
Finit toujours par triompher ?

Pensée du 301ᵉ soir
28 octobre

La douceur des gestes quotidiens

Et si l'on redécouvrait la beauté, le plaisir de l'accomplissement des petits gestes quotidiens ?

Lorsque, pour une raison ou pour une autre, on en est privé, l'on pense alors à eux avec une indicible douceur.

Nous comprenons enfin qu'ils sont une forme de bonheur chaque jour recommencé.

Pensée du 302ᵉ soir
29 octobre

Merci une fois par jour

À la tombée de la nuit, en fermant ses volets, saluer le jour qui s'achève.

Pour rendre hommage aux heures écoulées.

Pour remercier simplement d'être en vie.

Pensée du 303e soir
30 octobre

Et si ce n'était qu'un jeu ?

Si l'on décide de voir la vie comme un jeu et d'en
accepter les règles, tout devient plus léger et plus
facile.

Pensée du 304ᵉ soir
31 octobre

Je m'aime, donc je t'aime

Pour aimer et accepter les autres, il faut d'abord savoir s'aimer et s'accepter soi-même.

Pensée du 305ᵉ soir
1ᵉʳ novembre

Quand la brume se lève

Éviter de se lamenter, de se désespérer.
Chaque problème a sa solution,
Même si celle-ci ne nous apparaît pas dans l'instant.
Prendre patience,
Tout s'éclaircit avec le temps.
Il n'est pas de brouillard qui ne finisse par se dissiper.

Pensée du 306ᵉ soir
2 novembre

Possible

Tous les talents
Toutes les forces
Toutes les libertés sont en nous.
Rien n'est impossible.
Aucun obstacle ne résiste à la volonté.

Pensée du 307ᵉ soir
3 novembre

Un homme calme

Observer comme un homme calme est toujours respecté.

Chacun se tait spontanément pour l'écouter.

Il ne lui est pas nécessaire de parler fort pour se faire entendre, et sa voix porte pourtant plus loin.

Pensée du 308ᵉ soir
4 novembre

Décret

Le bonheur se décrète plus souvent qu'on ne le croit.

Pensée du 309ᵉ soir
5 novembre

Tranquilles, parfois...

Bien des malheurs et bien des tracas naissent de
notre incapacité à demeurer calmes et tranquilles.

Pensée du 310ᵉ soir
6 novembre

Flamme

Observer la flamme d'une bougie pendant quelques minutes.

La regarder osciller et danser puis se dresser.

S'empreindre de la douceur et de l'éternité de ce spectacle simple.

Sentir le bien-être et la sérénité qui s'en dégagent.

Pensée du 311e soir
7 novembre

Idée

Contrairement à ce que nous pensons, ce ne sont pas les contraintes qui entravent notre bonheur,
Mais l'idée que nous nous en faisons.

Pensée du 312ᵉ soir
8 novembre

État d'esprit

Si l'on est dans un état d'esprit négatif,
Les contraintes paraissent des montagnes.
Lorsqu'on est positif, elles se révèlent soudain déri-
soires.

Pensée du 313e soir
9 novembre

De passage

La vie est trop courte et trop précieuse pour laisser des broutilles nous contrarier.

Nous accordons trop de place à ces tracas passagers et volatiles.

Pensée du 314ᵉ soir
10 novembre

Table rase

Pardonner, c'est laver à grande eau la table du passé.

On se sent alors régénéré, ouvert à un recommencement,

À une renaissance.

Pensée du 315e soir
11 novembre

Là

Inutile d'aller chercher loin le bonheur.
Il est souvent là, tout près, à notre portée.

Pensée du 316e soir
12 novembre

Anticipation...

Si l'on sait écouter, observer, « s'éveiller »,
On découvre que comme le yin et le yang, le pile
et face, le blanc et le noir,
Chaque problème porte en lui sa solution.

Pensée du 317ᵉ soir
13 novembre

Habitudes

Les bonnes habitudes font les plus grands succès.

Pensée du 318e soir
14 novembre

Talent

Les contraintes et les difficultés créent aussi le talent.

Pensée du 319ᵉ soir
15 novembre

Plus haut...

Ne jamais renoncer à mettre la barre plus haut,
À désirer pour soi quelque chose de mieux.
On se grandit toujours à vouloir toucher les étoiles.

Pensée du 320ᵉ soir
16 novembre

Noir sur blanc

Pour mettre de l'ordre dans ses pensées et tenter de déterminer ce que l'on veut, il peut être utile de noter noir sur blanc ce que l'on ne veut pas.

Pensée du 321ᵉ soir
17 novembre

Ouvrir la porte

Ne pas rester replié sur soi-même.

Ainsi, par exemple, ne pas filtrer les appels télé-phoniques à l'aide de son répondeur.

Le débrancher.

Et laisser ainsi la vie « entrer » spontanément chez soi.

Pensée du 322ᵉ soir
18 novembre

Déconnexion

Parfois, à l'inverse, il peut aussi être utile, pour sa tranquillité d'esprit, de savoir se « déconnecter ».
Ce soir, peut-être ?

Pensée du 323ᵉ soir
19 novembre

Nature

Vivre aussi souvent que possible en harmonie avec
SA nature.

Pensée du 324e soir
20 novembre

Urgence

Le temps ne peut être ni accéléré ni arrêté.
La seule urgence est de vivre pleinement le
moment présent, « ici et maintenant ».

Pensée du 325ᵉ soir
21 novembre

Clés

Aimer ce que l'on fait, au lieu de faire ce que l'on aime,
C'est une des clés du bonheur et de la sagesse.

Pensée du 326ᵉ soir
22 novembre

Âme d'enfant

Savoir garder une âme d'enfant pour conserver une capacité d'émerveillement et d'enthousiasme.

Pensée du 327ᵉ soir
23 novembre

Premier regard

Les personnes positives sont celles qui savent garder un œil neuf sur les hommes et sur les événements,
comme si elles les voyaient pour la première fois.

Pensée du 328ᵉ soir
24 novembre

Actif

Agir et décider, plutôt que de réagir et de subir.

Pensée du 329e soir
25 novembre

Être plutôt que d'avoir

Et si l'on cessait de toujours vouloir « avoir »
davantage ?
Que de temps perdu à oublier d'« être » !

Pensée du 330ᵉ soir
26 novembre

Premier sommeil

Si l'on est sujet à l'endormissement, éviter de s'assoupir devant la télévision.

Tout ce qui perturbe la qualité de notre sommeil réduit nos facultés de récupération et altère notre sérénité.

Noter comme l'on est plus fatigué après une soirée où l'on a somnolé devant le petit écran.

En outre, c'est une forme de laisser-aller, de renoncement à maîtriser sa vie.

Pensée du 331ᵉ soir
27 novembre

Maîtrise

S'obliger à une attitude calme, c'est augmenter notre aptitude à la maîtrise de soi.

Pensée du 332ᵉ soir
28 novembre

Devoir

Recopier et accrocher au-dessus de son bureau, de son lit, cette belle phrase de Diderot :
« Il n'y a qu'un devoir, c'est d'être heureux. »

Pensée du 333ᵉ soir
29 novembre

Bonne humeur

Si l'on aspire à une soirée calme et détendue,
Éviter de se repaître de films violents, tristes ou effrayants.

Opter pour des comédies légères et drôles qui font entrer la bonne humeur dans la maison.

Même le bonheur artificiel a parfois du bon.

Pensée du 334ᵉ soir
30 novembre

De *ses mains*

Bricoler, jardiner, cuisiner, réparer...
Tout travail manuel contribue à donner un senti-
ment de paix après une journée surchargée.

Pensée du 335ᵉ soir
1ᵉʳ décembre

Désordre

Le désordre extérieur traduit souvent un désordre intérieur.

Pensée du 336ᵉ soir
2 décembre

Santé

En fin de journée, à l'heure du bilan, prendre conscience que si l'on est en bonne santé, on a déjà une bonne raison d'être heureux.

Pensée du 337ᵉ soir
3 décembre

Jamais peur

Garder confiance, toujours...
N'avoir peur de rien ni de personne,
Sinon de la peur elle-même.

Pensée du 338ᵉ soir
4 décembre

Voir

Parfois, les gens cherchent leurs lunettes alors qu'ils les ont sur le nez.

Ainsi en est-il souvent de notre bonheur...

Pensée du 339ᵉ soir
5 décembre

Écho

L'écho d'une parole douce et sincère résonne long-temps dans notre cœur.

Il en est de même dans le cœur des autres.

Pensée du 340ᵉ soir
6 décembre

Changements

Il ne suffit pas de dire « je n'aime pas ma vie »,
Mais avoir le courage et la volonté d'en changer.

Pensée du 341e soir
7 décembre

Fuir ou partir

Ne pas confondre fuir et partir.

Le destin finit toujours par rattraper ceux qui avaient tenté de lui échapper.

Pensée du 342ᵉ soir
8 décembre

Gais, malgré tout...

Il y a des films, des chansons, des livres qui rendent heureux et gais, presque par enchantement.

Pourquoi se priver de les revoir, les réécouter ou les relire ?

Pensée du 343e soir
9 décembre

Identification

Savoir identifier une action positive et une action négative que l'on a réalisées au cours de la journée.

Et tirer des enseignements pour être capable de réitérer la première et ne pas répéter la seconde.

Pensée du 344ᵉ soir
10 décembre

Évacuer son stress avant de rentrer chez soi

Dans la mesure du possible, éviter de « rapporter » chez soi, le soir, le stress et les tensions de la journée.
Sur le chemin du retour,
Faire le vide,
Nettoyer son esprit et sa pensée,
Chasser tout ce qui contribue à tendre l'atmosphère.

Demander

La sagesse consiste à demander à soi davantage qu'aux autres.

Pensée du 346ᵉ soir
12 décembre

Chercher ce qui se cache

Même les choses en apparence futiles et dérisoires ont un sens caché.

Pensée du 347ᵉ soir
13 décembre

Le plus fort

Qui sait rester calme au lieu de s'emporter,
Qui cède au lieu de forcer,
Qui aime au lieu de haïr,
Gagne en force et en grandeur.

Pensée du 348ᵉ soir
14 décembre

Paix contagieuse

Lorsqu'on est en paix avec soi-même, on contribue, d'une certaine façon, à l'harmonie du monde.

Pensée du 349e soir
15 décembre

Cause ou conséquence ?

Quand la journée a été mauvaise, s'interroger alors :
Étaient-ce les événements ou la réponse que je leur
ai donnée qui ont déterminé le cours des choses ?

Pensée du 350ᵉ soir
16 décembre

Le devoir de bonheur

Être heureux doit être notre exigence,
Notre ambition, notre promesse,
Notre engagement chaque jour renouvelé.
Alors, qu'attendons-nous ?

Pensée du 351ᵉ soir
17 décembre

Pardonner

Pardonner,
C'est défaire, un à un, les nœuds du passé.

Pensée du 352ᵉ soir
18 décembre

Anticonformisme

Écouter et apprécier les idées originales
Extravagantes
Étonnantes
Fantaisistes
Saugrenues...
Elles sont porteuses de vitalité et de renouveau.

Pensée du 353ᵉ soir
19 décembre

S'alléger

Le stress est un signal qui nous invite à lâcher prise.

Déléguer, se décharger, travailler moins, laisser filer... Retrouver le goût de la liberté, et celui de la légèreté.

Pensée du 354e soir
20 décembre

Promesse de bonheur

Être sage, c'est une forme d'éveil qui consiste à voir en toute chose une promesse de bonheur.

PENSÉES POUR L'HIVER

Conte pour l'hiver

Le manteau de l'ange

Un pauvre pêcheur habitait seul dans une cabane de bois, vivant misérablement de sa maigre pêche qui suffisait à peine à le nourrir.

Il portait des vêtements élimés par le temps et n'avait pour tout confort qu'une paillasse et quelques objets abîmés. Il n'était pas profondément malheureux, mais regrettait son infortune, car faute d'argent, il n'avait pas pu se marier et fonder une famille.

– Quelle femme voudrait d'un homme si démuni ? se lamentait-il parfois.

Un jour, il trouva sur une plage une magnifique étole argentée, faite de velours et de riches tissus. Elle brillait de mille feux, comme si elle était tissée de lumière. Fasciné, le pêcheur ramassa la cape. Elle était assurément unique, merveilleuse.

– Si je la prenais, se dit le pêcheur en lui-même, je pourrais en tirer un excellent prix au marché. Cela me permettrait d'acheter une nouvelle barque, des filets plus grands et de pêcher davantage. Je pourrais alors m'enrichir et trouver une femme que j'épouserais dignement... avoir de beaux enfants... une petite maison douillette...

Il ramassa le vêtement et le rapporta dans sa cabane avec l'intention de le vendre le lendemain pour en tirer de grands bénéfices.

Il s'endormit sur ces douces perspectives. Mais sa nuit fut troublée et agitée. Durant son sommeil, une jeune fille lui apparut en songe.

– Je suis un ange, lui dit-elle, je viens visiter la terre, mais vous m'avez pris mon manteau. Or, je ne peux retourner au ciel sans lui. S'il vous plaît, rendez-le-moi.

Le pêcheur fut alors saisi d'un accès de mauvaise humeur.

– C'est faux, se défendit-il, je n'ai rien pris. Ce manteau est mien.

Puis il tenta d'enlacer la jeune femme et de lui faire partager sa couche. Mais alors qu'il voulait l'embrasser, il se réveilla en sursaut et eut subitement honte de lui et de ses pensées, même s'il ne s'était agi que d'un rêve.

– Que m'arrive-t-il ? Je vole un vêtement, je mens à une jeune fille et je tente d'abuser d'elle... Je ne me reconnais plus. Je me comporte en homme sans scrupules et en goujat. Comment trouver le bonheur ensuite si ma conscience n'est pas en paix ?

Le pêcheur résolut alors de se lever de bonne heure afin de tenter de retrouver la jeune fille et de lui rendre son vêtement. Après plusieurs heures de recherche, il la vit au bord de l'eau, en pleurs. Il s'approcha d'elle, la pria de l'excuser et lui tendit sa parure. Elle le remercia chaleureusement, revêtit le manteau de merveille, et aussitôt se changea en ange magnifique qui disparut vers le ciel avec une grâce infinie.

Notre homme rentra chez lui apaisé et heureux.

Dans les mois qui suivirent, il fit, à sa grande surprise, des pêches si abondantes qu'elles remplissaient chaque jour ses filets de beaux poissons charnus. Il put s'acheter une nouvelle barque et de nouveaux filets. Cela lui permit d'aller vers le grand large, où les poissons étaient plus gros et plus nombreux. Sa bonne fortune continua. Bientôt, il eut assez d'argent pour acheter une maison, qu'il aménagea confortablement. À quelque temps de là, il rencontra une jeune fille qu'il épousa, et avec laquelle il eut de beaux enfants.

Son rêve le plus cher était enfin réalisé.

Comme ce pêcheur, il ne faut jamais perdre espoir : l'honnêteté, la sincérité et la compassion finissent toujours par être récompensées.

Pensée du 355e soir
21 décembre

Visualisation

En hiver, lorsqu'il fait froid et que la nuit tombe tôt, visualiser mentalement, en fermant les yeux, une scène que l'on aime (une plage de sable blanc, une île lointaine, les cimes d'une montagne...).

Se concentrer pour ressentir les parfums, les bruits, un souffle d'air chaud...

Prolonger ce moment de douceur et d'abandon.

Et l'on est mieux, soudain.

Pensée du 356ᵉ soir
22 décembre

Détachement

La sagesse naît de l'observation calme et détachée du monde.

Pensée du 357ᵉ soir
23 décembre

Apaisement

En ces périodes de réjouissances, se souvenir que
parmi toutes les satisfactions qu'apportent le succès
et la réussite, aucune ne vaut l'apaisement profond et
essentiel de l'amour.

Pensée du 358ᵉ soir
24 décembre

Offrir du temps

Si l'on ne sait pas quoi offrir à quelqu'un pour
Noël ou pour son anniversaire, mieux vaut lui faire
cadeau d'un peu de temps et d'attention.

Pensée du 359ᵉ soir
25 décembre

Chef-d'œuvre

En ce jour de fête, se souvenir qu'il n'y a pas de plus grand chef-d'œuvre et de plus beau cadeau que l'amour.

Pensée du 360ᵉ soir
26 décembre

Récolte de fin d'année

En bien des circonstances, la réussite d'une existence dépend de la constance et du soin que nous
aurons mis à accomplir chacune de nos réalisations.

Pensée du 361ᵉ soir
27 décembre

À la place de l'autre

Lorsque l'attitude d'une personne de notre entourage nous paraît incompréhensible, s'efforcer de se mettre à sa place, et tenter ainsi de percevoir ce qui motive ses réactions.

Comprendre l'autre, c'est déjà faire un pas vers l'harmonie.

Pensée du 362ᵉ soir
28 décembre

Confiance...

La vie n'est faite que de possibles.

Pensée du 363ᵉ soir
29 décembre

L'art de la prudence

Un homme qui sait être prudent
S'épargne bien des malheurs et des déconvenues.

Pensée du 364e soir
30 décembre

Resserrer les liens

Profiter de la fin de l'année pour contacter les amis éloignés, ceux que l'on a perdus de vue.
Resserrer les liens détendus.
Envoyer des messages d'amitié et d'amour.
Fabriquer ainsi du bonheur et des retrouvailles.

Pensée du 365ᵉ soir
31 décembre

Lumière

En cette dernière soirée de l'année
Se souvenir qu'il est toujours temps...
Temps d'aimer et temps de recevoir
Temps de changer et temps d'accepter
Temps de recommencer et temps de partir
Temps de renaître et temps d'espérer
Temps de promettre et temps d'agir
Temps de vivre... tout simplement.

Catherine Rambert
dans Le Livre de Poche

Le Livre de la sérénité   n° 15065

« Il n'y a qu'un devoir, c'est d'être heureux », s'exclamait Diderot. Oui, mais qu'est-ce que le bonheur ? Où cela se trouve-t-il ? Toutes les cultures, toutes les philosophies ont voulu aider l'être humain à conjurer ses peurs et ses haines, à trouver le point d'équilibre entre le moi, l'autre, le monde, pour instaurer en lui-même et autour de lui la sérénité.

Petite philosophie de la paix intérieure   n° 31970

Comment vivre en accord avec soi-même ? Comment accueillir avec plus de sérénité ce qui arrive ? Voici des pensées, des petites phrases à méditer chaque jour afin de revenir sur ses actes, ceux que l'on a réussis et ceux que l'on a ratés, et d'en tirer des leçons pour soi et pour l'avenir.

Petite philosophie du matin n° 10035

Comment être plus calme, plus équilibré et donc plus heureux jour après jour ? Ce livre rassemble des petites stratégies destinées à aider chacun d'entre nous à réussir sa vie et à surmonter avec distance les petits tracas quotidiens.

Petite philosophie pour ceux qui veulent atteindre le sommet de la montagne n° 32442

Nous souhaitons tous réaliser nos ambitions, nous accomplir pleinement, réussir notre vie privée et notre vie professionnelle, vivre en accord avec nous-mêmes, nous dépasser, aller vers les étoiles... Catherine Rambert nous propose des clés pour y parvenir.

Petite philosophie pour surmonter les crises n° 32093

Crise planétaire, crises personnelles... Comment rester optimiste, garder le moral, trouver des raisons de relativiser, quand tout nous incite au contraire ? Comment trouver en soi les ressources pour garder espoir, rebondir, se réinventer ? Comment être heureux et envisager l'avenir sans angoisse ?

Janvier 2006
LIBRAIRIE GÉNÉRALE FRANÇAISE — 31, rue de Fleurus — 75278 Paris Ce ?? 06

Le Livre de Poche s'engage pour
l'environnement en réduisant
l'empreinte carbone de ses livres.
Celle de cet exemplaire est de :
650 g éq. CO$_2$
Rendez-vous sur
www.livredepoche-durable.fr

**PAPIER À BASE DE
FIBRES CERTIFIÉES**

Composition réalisée par NORD COMPO

Achevé d'imprimer en janvier 2016 en Espagne par
CPI
Dépôt légal 1re publication : février 2010
Édition 16 : janvier 2016
LIBRAIRIE GÉNÉRALE FRANÇAISE – 31, rue de Fleurus – 75278 Paris Cedex 06